I0815210

@AIGUADVALENCIA

MANUAL DE

LA BRUJA NOVATA

Papel certificado por el Forest Stewardship Council®

Primera edición: septiembre de 2022
Séptima reimpresión: diciembre de 2024

Printed in Spain – Impreso en España

ISBN: 978-84-19191-28-1
Depósito legal: B-11900-2022

Compuesto en táctil estudio
Impreso en Gómez Aparicio, S. L.
Casarrubuelos (Madrid)

AL91281

A les bruixes que estimo,
a les que m'han ensenyat,
a les que ajudo a aprendre
i a aquelles que vindran!

ÍNDICE

¿BRUJAS?

Las brujas existimos desde hace siglos. Protagonizamos leyendas, cuentos de hadas, novelas, canciones y películas. Algunos creen en nosotras y otros nos consideran ficción. Sea como sea, está claro que las brujas no siempre somos ancianas con gorros puntiagudos que vuelan en escobas. Entonces... ¿qué es ser bruja?

Hay innumerables caminos dentro del mundo de la brujería. Puedes ser una bruja especializada en la adivinación con el tarot, en magia lunar o en remedios naturales. Hay fanáticas de los cristales, del mar, de la astrología y también de la cocina. ¡Incluso hay brujas que se dedican a manipular y cesar tormentas! Cada una de nosotras tiene una forma propia de «ser bruja». Yo, personalmente, incluyo muchas de las cosas que he mencionado en mi práctica. El vínculo entre todas nosotras, además de ser portadoras de conocimientos antiguos, es que sabemos trabajar con las energías. Como todo, manipular energías y saber cómo trabajar con ellas es cuestión de aprendizaje constante.

La brujería es una práctica tan amplia y compleja que puede parecer imposible conocerla «desde el principio». De hecho, es complicado establecer un punto de partida. Aquí es donde entro yo, vuestra querida bruja de confianza, para explicaros los conocimientos más imprescindibles, las bases de mi práctica y todo lo necesario para realizar rituales, hechizos y más.

Y tal vez ahora os preguntéis: ¿quién puede ser bruja? Toda aquella persona que lo desee y que trabaje por ello.

CAPÍTULO 1

ENERGÍAS

Hay energías en todas partes: en las plantas, en el aire, en el cielo, en los seres... Son energías cambiantes e interaccionan constantemente entre sí. Por eso, es muy útil y necesario conocerlas, porque así podremos trabajar con ellas.

La primera energía que debemos comprender es la nuestra, que varía dependiendo de muchísimos factores: nuestra salud, nuestro estado de ánimo y la energía de las personas que nos rodean, por ejemplo. En muchas culturas ha habido representaciones de nuestro sistema de energías. Un ejemplo son los chakras. Podemos hallar menciones sobre ellos en los textos védicos, de hace miles de años. De hecho, entre los protagonistas de cómics, animes y películas encontramos personajes cuyo superpoder... ¡está basado en el control de su propia energía! ¿Quiere decir esto que únicamente los personajes de ficción pueden controlarla?

Evidentemente, la respuesta es no. Tampoco es que nazcamos con esta capacidad aprendida, así que aquí os propongo un par de ejercicios para empezar a conocer y dominar vuestra energía. Es muy normal que, al principio, no salgan bien. ¡La práctica es fundamental!

MEDITACIÓN

Para este ejercicio vamos a necesitar un entorno que sea lo más tranquilo posible, para poder concentrarnos bien. La posición puede ser cualquiera: de pie, tumbadas, sentadas, con las piernas cruzadas en «posición de loto»... Lo importante es que la postura elegida sea cómoda y no os impida trabajar. ¡Podéis adaptar el entorno apagando las luces, encendiendo una lámpara de sal, velas o incienso! A mí me encanta poner música muy suave y encender incienso de romero.

Una vez que encontremos nuestra posición, cerraremos los ojos y haremos unas cuantas respiraciones lentas y profundas para relajarnos. Nos imaginaremos que tenemos delante una bola de luz cálida (como estamos visualizando, no hace falta abrir los ojos). Notaremos el calor que desprende, como si fuera un Sol pequeñito. Este «solecito» se mueve y se nos acerca a los pies. Ahora el calor está un poco más concentrado en esa zona. Muy despacio, la bola se sigue desplazando hacia nuestra cabeza y notamos cómo su luz y su calor se mueven con ella. También se puede desplazar hacia las palmas de las manos, por detrás, en dirección a nuestra espalda...

Este ejercicio lo podéis hacer tan largo como deseéis. Es perfecto para empezar y terminar el día de forma más relajada, o para reconectar con nosotras mismas después de un momento tenso. Cada persona nota cuándo necesita meditar.

PARA PROTEGEROS, PODÉIS USAR MINERALES COMO EL CUARZO BLANCO, EL CUARZO AHUMADO O LA TURMALINA.

TOMA DE TIERRA

Para tomar tierra es recomendable estar en un espacio tranquilo y con una posición cómoda; preferiblemente, de pie, sentadas o con las piernas cruzadas en posición de loto. Podéis hacer este ejercicio en multitud de situaciones: bajo la lluvia, durante una ducha, antes de dormir, en vuestro descanso del estudio... ¡Es muy útil para recuperar energías y concentración! Es el ejercicio al que acudo siempre que he tenido un día demasiado ajetreado.

Comenzamos realizando unas cuantas respiraciones profundas —y cada vez más lentas— mientras cerramos los ojos. Cuando hayamos entrado en un estado más relajado podremos mover un poco nuestra cabeza, girándola lentamente de lado a lado, en círculos, de arriba abajo... Muy despacio, movemos también la espalda, sacando el pecho, haciendo círculos y estirando y encogiendo la columna. Al parar, imaginaremos un cosquilleo en una parte de nuestra columna. Poco a poco, el cosquilleo crece y se extiende por todas las vértebras, hacia abajo y hacia arriba. Visualizamos un cordón que genera esta sensación y que nos recorre la espalda, sube por nuestra cabeza y se eleva hacia el cielo. Nos conecta con el universo y así podemos recargarnos en ese momento. El mismo cordón también sigue su trayectoria hasta abajo, traspasando el suelo e introduciéndose en la tierra. Nos conecta a ella y de esa manera podemos descargar aquello que no necesitemos.

Continuaremos visualizando y sintiendo esta toma de tierra hasta que consideremos conveniente. También se puede usar cuando lo creamos necesario, modificándolo según la situación.

LOS ELEMENTOS

Todo el mundo conoce los cuatro elementos: tierra, aire, agua y fuego, ¿verdad? Cada uno tiene sus propiedades y cualidades, y aprender sobre estas puede ser muy útil para trabajar con ellos. Además de los cuatro elementos clásicos, en algunas prácticas y sistemas de creencias —tanto antiguas como modernas— existe la creencia en un quinto elemento: el espíritu (del que hablaremos más adelante).

EL FUEGO

- Representa la energía, la voluntad, la pasión, el coraje, la fuerza y el poder, el autoconocimiento, la sanación y destrucción, la divinidad...
- Brinda coraje, fuerza de voluntad y entusiasmo, pero también puede traer odio, enfado y celos.
- Podemos representarlo con velas, una lámpara encendida, canela, amapolas rojas, ajo, hibiscos, ortigas o cardos.
- Algunos de los minerales con los que se asocia son la carnalita, el citrino, el peridoto, el ágata de fuego, el ópalo de fuego y el rubí.

EL AIRE

- Representa la mente, la claridad, la consciencia superior, la lógica, el conocimiento, la intuición, la memoria, el pensamiento abstracto...
- Brinda inteligencia, practicidad y optimismo, pero también puede traer frivolidad e impulsividad.
- Podemos representarlo con plumas, incienso, campanas, mirra, anís, pino o lavanda, por ejemplo.
- Algunos de los minerales con los que se asocia son la amatista, la labradorita, la sodalita, el zafiro, el lapislázuli y el topacio azul.

LA TIERRA

- Representa la sanación, la naturaleza, los animales, la estabilidad y fundamentos, la empatía, la fertilidad, la muerte y el renacimiento, la fuerza, la sabiduría…
- Brinda concentración, paciencia, minuciosidad y verdad, pero también puede traer pereza y aburrimiento.
- Podemos representarla con sal, tierra, madera, salvia, madreselva, hiedra o roble, por ejemplo.
- Algunos de los minerales asociados con este elemento son las ágatas (excepto la azul), la turmalina negra, la malaquita, la peridotita, el cuarzo (rutilado) y el ojo de tigre.

EL AGUA

- Representa las emociones, los sentimientos profundos, la intuición, el amor, las habilidades psíquicas, el subconsciente, la autosanación…
- Brinda compasión, amor, flexibilidad y perdón, pero también puede traer inestabilidad, indiferencia y malhumor.
- Podemos representarla con caracolas y conchas marinas, rocas de río, algas, cuencos de agua, flores de loto, jazmines, musgo y gardenias.
- Algunos de los minerales con los que se asocia son la piedra de luna, la crisoprasa, las perlas, la turmalina rosa, el aguamarina y los ópalos.

·– LOS CICLOS –·

Conforme la Tierra orbita alrededor del Sol pasan los días, cambia el mapa celeste, transcurren las estaciones... Para conservar el vínculo con este paso del tiempo, en muchas culturas se celebran festividades diferentes simbolizando los atributos de esa nueva temporada. Durante el invierno tienen lugar celebraciones relacionadas con el renacer de la luz, la vuelta a los días más largos y la futura llegada de una época más fértil. Con el comienzo de la primavera se celebran fiestas relacionadas con la fertilidad y el inicio del crecimiento de los cultivos. También se celebra meses más tarde el inicio del verano, muchas veces con hogueras que atraen la buena suerte y protegen las cosechas. En otoño hay festividades cuya intención es celebrar la fertilidad, agradecer los frutos de la estación anterior y estar con la familia...

Dentro de ciertas ramas de la brujería —y de muchas creencias espirituales actuales— se ha popularizado la rueda de festividades pagana. Esta tiene nombres tradicionales para cada uno de sus Sabbats (festivales o festividades). Algunas de las fechas son fijas en el calendario y otras varían cada año, dependiendo, por ejemplo, de los solsticios. La rueda va íntimamente relacionada con las estaciones, así que en el hemisferio norte y en el hemisferio sur se celebran festividades contrarias (dado que las estaciones son opuestas).

ES IMPORTANTE CONOCER ESTOS CICLOS, PUESTO QUE PODEMOS REALIZAR NUESTROS TRABAJOS EN ARMONÍA CON LA ENERGÍA DE CADA MOMENTO PARA OBTENER UN MEJOR RESULTADO.

Os propondría distintas maneras de festejar los diferentes Sabbats, pero mi forma de celebrarlos no es muy diferente a las celebraciones ya establecidas para esas fechas.

Para cada una de las fiestas podéis decorar vuestro espacio con plantas de temporada, colores de esa época y cocinar algún plato típico de ese momento del año. ¿Hay algo mejor para las festividades de otoño que un pastel de calabaza o unas castañas asadas?

A veces os hará muchísima ilusión preparar una celebración de forma minuciosa, escribir un ritual e incluso reunir a vuestro círculo cercano. Otras, solo encontraréis fuerzas o tiempo para dar un pequeño paseo y notar la brisa de ese día.

¡CUALQUIER FORMA DE CELEBRAR ESTOS MOMENTOS DEL AÑO ES CORRECTA!

RUEDA PAGANA DE FESTIVIDADES

YULE

Solsticio de invierno
Entre el 19 y el 22 de diciembre

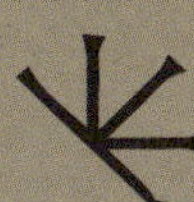

IMBOLC

Fin del invierno
1 de febrero

OSTARA

Equinoccio de primavera
Entre el 19 y el 22 de marzo

BELTANE

Festival de la primavera —convirtiéndose en verano—
1 de mayo

LITHA

Solsticio de verano
Entre el 19 y el 23 de junio

LUGHNASADH

Festival de la cosecha
1 de agosto

MABON

Equinoccio de otoño
Entre el 20 y el 23 de septiembre

SAMHAIN

Fiesta de los difuntos y principio del invierno
31 de octubre

Otro ciclo tremendamente importante es el ciclo lunar. Además de controlar las mareas, la Luna también afecta a otros aspectos de nuestro planeta. Desde hace siglos, las personas que trabajan la tierra saben en qué fase lunar deben plantar o recolectar para obtener el mejor resultado.

EL CICLO LUNAR

LUNA MENGUANTE

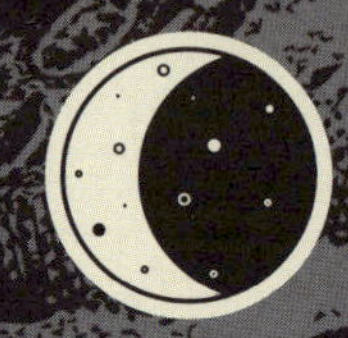

Podemos organizar ceremonias de agradecimiento y revisar aquellos objetivos que planteamos en la luna nueva.

LUNA NUEVA

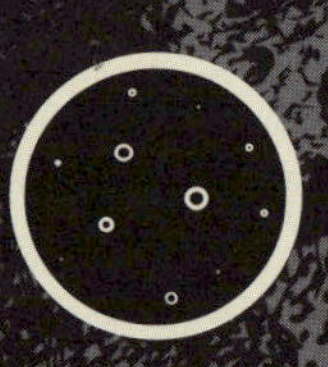

Es el momento para establecer metas nuevas y plantear objetivos para el próximo ciclo. También podemos limpiar y preparar nuestro espacio. Es el punto más indicado del ciclo para hacer hechizos de destierro.

LUNA CRECIENTE

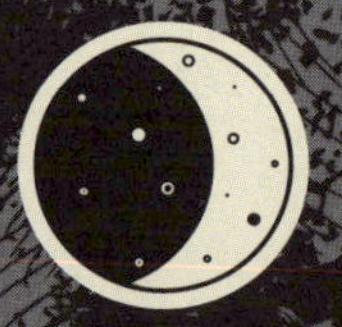

Este es el momento para manifestar y hacer hechizos dedicados a la fortuna en el trabajo o el dinero.

CUARTO CRECIENTE

Perfecto para hechizos de atracción de amor y suerte, así como rituales de sanación.

También existe la creencia de que, si te cortas el pelo en luna creciente, este crecerá más rápido que si te lo cortas en luna menguante.

Cada fase lunar tiene una energía distinta, y es importante conocerlas para poder trabajar en concordia y armonía.

CUARTO MENGUANTE

Además de descansar, podemos realizar hechizos y rituales relacionados con la justicia.

GIBOSA MENGUANTE

Podemos planificar para estos días nuestros rituales de protección y los hechizos para desterrar y ahuyentar. Es un momento ideal para hacer limpiezas energéticas.

LUNA LLENA

Hay una energía muy potente, tanto en el momento de la luna llena como unas cuantas horas antes y después. Se puede realizar cualquier tipo de hechizo.

GIBOSA CRECIENTE

Este momento puede servir para hechizos y rituales que requieran a la luna en su fase creciente, pero es mejor invertirlo en descansar, meditar y prepararnos antes de la llegada de la luna llena.

A los efectos y energías de las diferentes fases lunares se suman los de los demás astros de nuestro sistema solar, sus configuraciones y sus diversas interacciones. No es estrictamente necesario planificar nuestros rituales —ni condicionar nuestra práctica entera— según el momento astrológico, pero... ¡siempre es de gran ayuda saber qué está pasando por ahí arriba!

EL PRIMER PASO ES ENTENDER QUÉ TIPO DE ENERGÍA TIENE CADA ASTRO.

EL SOL

El Sol brinda energía, optimismo, generosidad y entusiasmo. Rige al signo de Leo y se relaciona con el día y con todo aquello que vemos, lo «no oculto». Podemos representar al Sol con miel, ámbar, girasoles y tonos dorados (entre otros elementos) para incluir su energía en nuestra práctica. ¡También sirven unos rayos de sol directos durante vuestro ritual!

LA LUNA

La Luna trae consigo sensibilidad, imaginación, romanticismo y fantasía. Rige al signo de Cáncer y se relaciona con la noche, lo oculto, las emociones, las brujas... Podemos incluir a la Luna en nuestra práctica mediante un ritual nocturno al aire libre, con una piedra de luna, agua de luna y tonos blancos.

MERCURIO

Mercurio es el planeta de la comunicación, el dinamismo y los intereses. Rige a Géminis y a Virgo, y simboliza esfuerzos, información, observación... Podemos representar la energía de Mercurio en nuestra práctica con cuarzo blanco, berilio y con tonalidades amarillas y marrones.

VENUS

Venus es el planeta de la sensibilidad, del amor y del amar. Rige a Tauro y a Libra, y alude a las relaciones, el placer, la belleza, la naturaleza y la energía femenina (también en la mitología romana). Incluyendo margaritas, un cuarzo rosa o tonos rosados, podemos representar a Venus en nuestra práctica.

MARTE

Marte otorga capacidad de liderazgo, valentía e impulsividad. Rige a Aries y se relaciona con la pasión, la energía sexual activa, la fuerza y la violencia. En la mitología romana, Marte es el dios de la guerra (incluidos sus horrores y victorias), lo pasional y lo viril, cualidades que también podemos otorgar al planeta. Podemos representarlo con jaspe rojo, rubíes, tonos rojos...

JÚPITER

Júpiter proporciona sinceridad, generosidad y sociabilidad. Rige a Sagitario y representa promesas, influencia sobre los otros, ilusión por la aventura y un poco de impaciencia. Para representar la energía de Júpiter en nuestra práctica podemos usar laurel, lapislázuli y tonos morados.

SATURNO

Saturno otorga ambición, persistencia y realismo. Rige a Capricornio y está relacionado con la responsabilidad, la constancia y las buenas decisiones (sobre todo en el ámbito laboral). Podemos incluir anillos, ónix o hematita (además de un tono gris sólido) para representar a Saturno en nuestra práctica.

URANO

Urano es un planeta rebelde, resolutivo y desafiante. Rige al signo de Acuario e invita a innovar, progresar y revolucionar. Acuario, en su sentido literal, es aquel objeto cuyo fin es contener el agua; las «emociones libres» que el agua representa pasan a tener un lugar determinado y a servir un propósito concreto. Para representar a Urano en nuestra práctica, podemos incluir tonalidades turquesas, zafiros o turmalina negra.

NEPTUNO

Neptuno aporta empatía, intuición y versatilidad. Rige a Piscis y nos abre las puertas a la profundidad del inconsciente, al misterio, a lo espiritual... Neptuno, en la mitología romana, es quien gobierna las aguas y cabalga las olas montado en caballos blancos. Podemos representar este planeta y sus energías con colores azules, piedra aguamarina o un poco de agua de mar.

PLUTÓN

Plutón nos obsequia con persuasión, determinación e intuición. Rige a Escorpio y hace una llamada a la regeneración del ser y la muerte del ego. En la mitología romana, Plutón es el dios del inframundo y, por lo tanto, también se relaciona a este astro con aquello oculto más allá de la vida. Para representar a Plutón, podemos incluir tonos rojos oscuros y elementos negros, jaspe rojo u obsidiana.

Son muchísimas las variantes dentro del puzle de energías en el que vivimos. Entenderlas (e intentar comprender cada una de ellas al completo) es un trabajo complejo. No es necesario tener en cuenta de forma constante la fase lunar y el momento astrológico en el que nos encontramos. Si existe la voluntad de hacer un ritual, y hay suficiente tiempo como para planificarlo de forma calmada, podéis empezar a buscar cuál sería un buen momento lunar para llevarlo a cabo.

CAPÍTULO 2

RUNAS, SIGILOS Y SÍMBOLOS

SPIRITUS CAELUM
EARTH
WATER
FIRE
AIR
E
EARTH
AIR
AIR

En las diversas prácticas de brujería del mundo encontramos el uso de dibujos y símbolos diferentes que también tienen su parte de magia. Pueden ser de origen tradicional, haber sido creados recientemente, basarse en la geometría sagrada, pertenecer a un alfabeto milenario... Pese a sus múltiples diferencias, son de gran utilidad en muchas situaciones.

RUNAS

Uno de los alfabetos rúnicos que más uso dentro de mi práctica es el futhark antiguo. Este consiste en 24 runas, y la inscripción más antigua de este alfabeto al completo se encuentra en la piedra Kylver (siglo v d. C.). A partir de este se derivan y nacen muchos otros sistemas alfabéticos, como el de las runas macromanas (una mezcla de futhark antiguo y futhorc angosajón), que también utilizo bastante.

En realidad, se sabe bastante poco sobre las runas, pero se ha podido reconstruir su significado gracias a estudios sobre poemas rúnicos y referencias a ellas en otros idiomas. Teniendo en cuenta el significado de cada una, se pueden invocar sus propiedades y energías, usarse para adivinación…

Las runas son una gran herramienta dentro de la práctica de cualquier bruja.

¡SE PUEDEN USAR PARA CARGAR DE INTENCIÓN NUESTRO HECHIZO, RECETA, BAÑO RITUAL O MAQUILLAJE!

Además, es uno de los métodos de adivinación más accesibles, dado que puedes hacer tus propias runas e ir aprendiendo poco a poco.

HAZ TU SET DE RUNAS

1 **Busca tantas piedras como runas tenga el alfabeto que has escogido**. Para el futhark antiguo necesitaremos 24 piedras. Es preferible que sean un poco aplanadas, lisas y de tamaños similares.

2 **Limpia bien todas las piedras** (para librarlas tanto de la suciedad como de la carga energética negativa que pudieran tener). Te recomiendo usar una mezcla de agua con tres cucharaditas de sal y luego ahumarlas con incienso.

3 **Una vez secas, dibuja las runas una a una**. Es muy importante que te centres en su significado para irles adjudicando un propósito. Puedes usar pintura o rotuladores y decorarlas tanto como quieras. ¡Hazlas tuyas!

4 **Para evitar el desgaste**, dale un toque final a tu set de runas con un lacado o barniz transparente.

5 **Busca una cajita o bolsa donde almacenarlas**. Si quieres, decórala dándole una intencionalidad con bordados, símbolos y runas.

6 **Antes de empezar a adivinar con ellas, cárgalas**. Para ello puedes exponerlas a la luz del Sol o de la Luna, enterrarlas, ponerlas en un bol con sal y varios minerales... Personalmente, me gusta complementar estos métodos anteriores con mi propia energía. Antes de usar mis runas nuevas, las llevo conmigo durante tres semanas, las analizo y reflexiono sobre sus significados.

RUNAS DEL FUTHARK AN

FEHU

Ganado vacuno. Representa abundancia y posesiones materiales.

URUZ

Uro. Representa fuerza, coraje e independencia.

ÞURISAZ

Thunraz (Thor). Representa motivación, defensa, conflictos y cambios.

ANSUZ

Dios, deidad. Representa comunicación, entendimiento y verdad.

HAGALAZ

Granizo. Representa retos, ira y la fuerza de la naturaleza.

NAUDIZ

Necesidad, angustia. Representa restricción, fuerza de voluntad y conflictos.

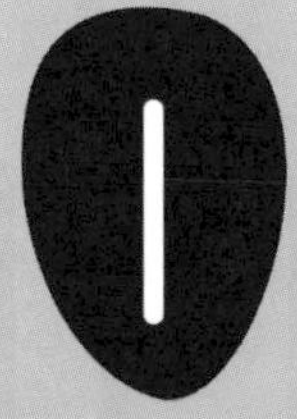

ĪSAZ

Hielo. Representa claridad, retos e introspección.

JĒRA

(Buen) año, cosecha. Representa ciclos y su compleción, además de cambios.

TĪWAZ

Týr. Representa justicia, liderazgo y lógica.

BERKANAN

Abedul. Representa fertilidad, sanación y regeneración.

EHWAZ

Caballo. Representa confianza, movimiento y progreso.

MANNAZ

Hombre. Representa cooperación, amistad y sociedad.

JO (Y SUS SIGNIFICADOS)

RAIDŌ

Cabalgar, camino, viaje. Representa viajes, un nuevo ritmo, destino y espontaneidad.

KENAZ

(o Kaunan): antorcha (o llaga, úlcera). Representa creatividad, conocimientos, inspiración y vitalidad.

GEBŌ

Regalo. Representa relaciones, alianzas, generosidad y colaboración.

WUNJŌ

Júbilo. Representa armonía, prosperidad y recompensas.

ĪWAZ

Tejo negro. Representa aclaración e iluminación, balance y muerte (o finales).

PERÞ

Peral. Representa destino, oportunidades y misterio.

ALGIZ

Alce, defensa. Representa protección, instinto y defensa.

SŌWILŌ

Sol. Representa salud, honor y purificación.

LAGUZ

(o laukaz): agua, lago (o puerro). Representa corriente, emociones, intuición y renovación.

INGWAZ

Yngvi. Representa metas, crecimiento y cambio.

ŌÞILA

Herencia. Representa legado, antepasados y bienes materiales.

DAGAZ

Día. Representa certeza, iluminación y despertar.

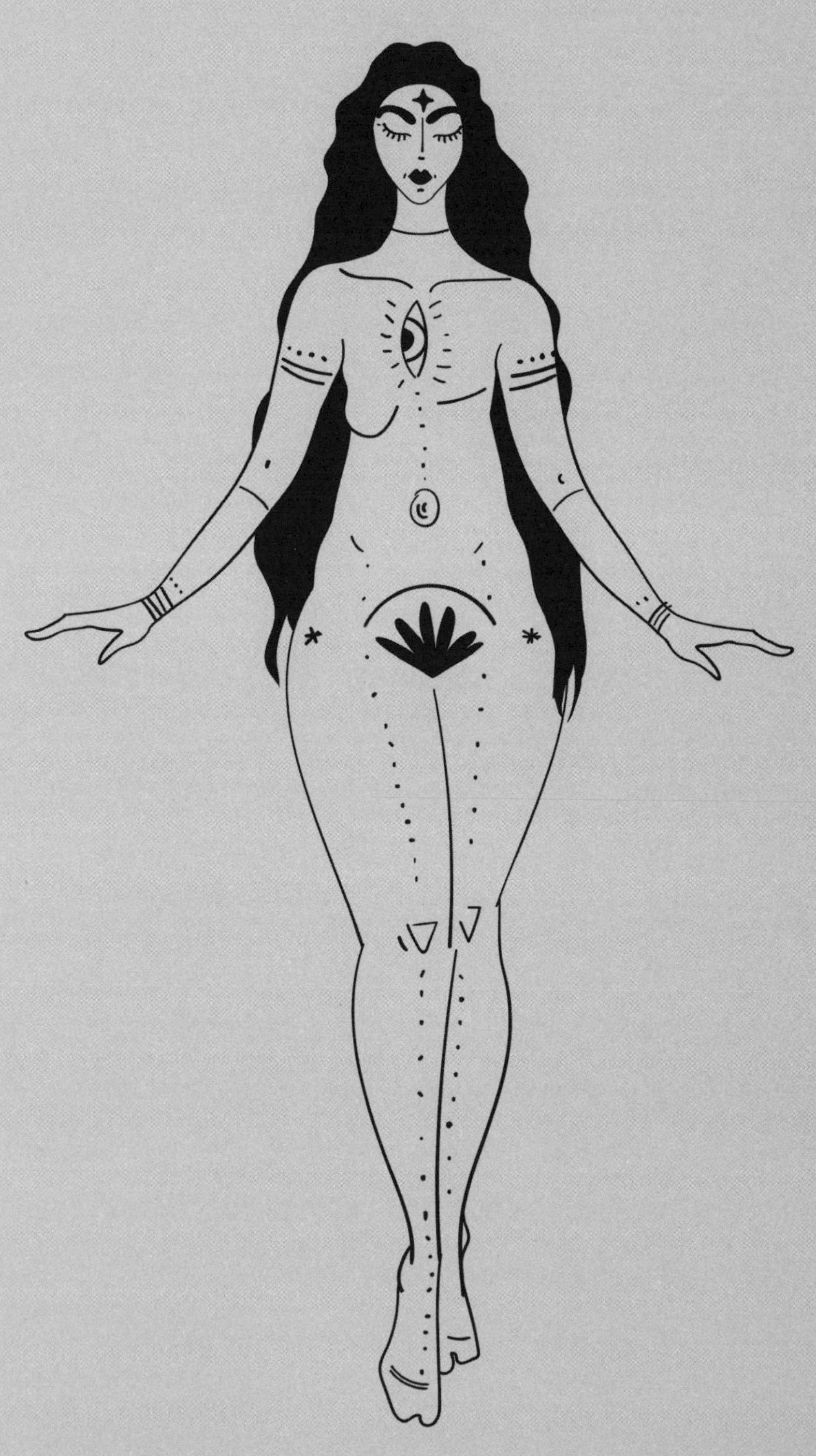

SIGILOS

Otros símbolos muy usados dentro de varias prácticas espirituales son los sigilos. Estos sellos mágicos pueden llegar a tener un enorme poder y tantas utilidades como cada persona quiera darles. Podéis encontrar sigilos ya creados y dibujados por otra persona. Aun así, personalmente siempre dibujo mis propios sigilos; así me aseguro de que coinciden al completo con la intención que quiero darles y, de paso, conecto más con ellos en el proceso.

PARA DIBUJARLOS HAY UNA GRAN CANTIDAD DE FORMAS, ALGUNAS MÁS SIMPLES Y OTRAS MÁS ELABORADAS, Y TODO EL PROCESO EMPIEZA PREPARANDO UN ESPACIO DONDE CONCENTRARNOS CON CALMA.

DIBUJAR

Este método que os voy a explicar es uno de los más simples para dibujar sigilos. En un papel cualquiera apuntamos nuestra intención y vamos haciendo pequeños dibujos o motivos que nos recuerden a esta. Podemos ir combinando y superponiendo los dibujos, haciendo varias pruebas ¡e incluso prescindir de alguno de ellos!

POCO A POCO NUESTRO SIGILO IRÁ TOMANDO FORMA.

Cuando creamos que hemos diseñado un sigilo perfecto, tanto a nivel estético como de intención, ya está listo para usar. Yo siempre apunto mis sigilos —y su respectiva intención— en un cuaderno, para recordarlos y usarlos cuando crea conveniente.

·– LÍNEAS INTUITIVAS –·

Otro método que no requiere de enormes conocimientos es este del que os voy a hablar a continuación. Entrando en un estado de relajación y concentración, cerramos los ojos. Nos concentramos en nuestra intención, en cómo nos hace sentir, en aquello que conseguiremos...

MANTENIENDO LOS OJOS CERRADOS Y TAMBIÉN LA CONCENTRACIÓN, DIBUJAMOS VARIOS GARABATOS SOBRE UN PAPEL.

¿Qué encontramos en ese garabato? ¿Hay formas definidas? Repasamos las líneas que más sentido tengan, redibujamos las formas que hayan aparecido, añadimos algunos toques... hasta llegar al sigilo definitivo.

CONSONANTES

Para este método necesitamos escribir nuestra intención. La frase puede ser tan extensa como consideréis, aunque yo no suelo usar más de cuatro palabras. Una vez que hayamos escrito nuestra frase, eliminaremos todas las vocales.

APUNTAREMOS MÁS ABAJO LA FRASE SIN LAS VOCALES NI LAS CONSONANTES QUE SE REPITAN.

Cuando tengamos un conjunto de letras, empezaremos a hacer pruebas superponiéndolas, jugando con los tamaños y los ángulos, hasta conseguir un sigilo que nos guste.

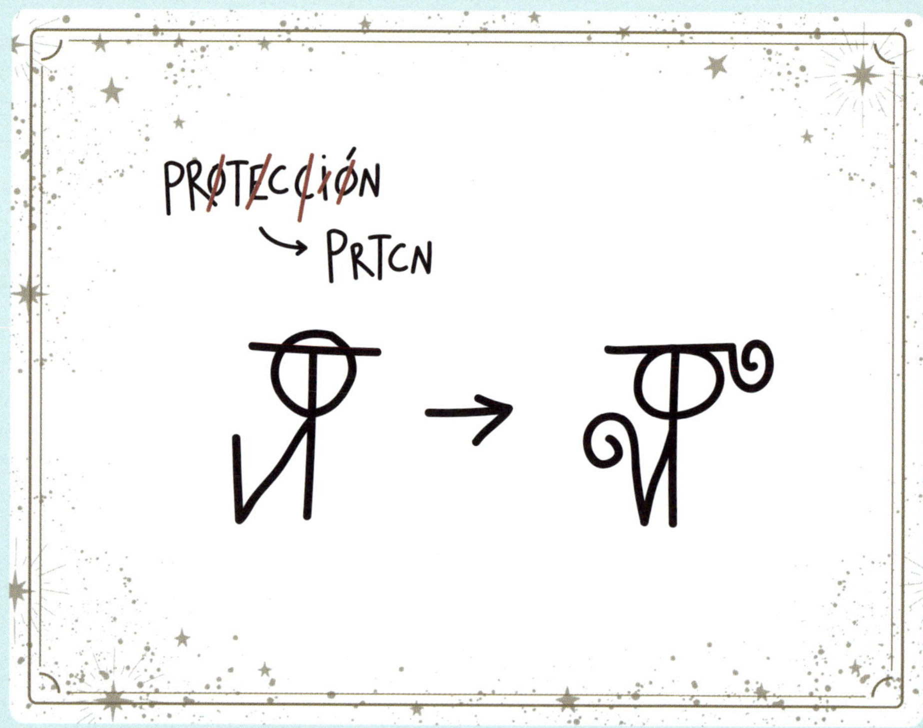

LA RUEDA

Este método es un poco más elaborado. Empezaremos de la misma forma que en el anterior; escribiendo nuestra intención y eliminando las consonantes repetidas. Asignaremos a cada una de nuestras letras un número del 1 al 9 (como en esta tabla). Escogeremos una figura cualquiera (puede ser un círculo, un rombo, un cuadrado…) y distribuiremos dentro de ella los números del 1 al 9. Pondremos nuestras letras al lado del número de la figura al que correspondan. Después, uniremos los números en el orden que tengan las letras dentro de la palabra. Es decir, no empezaremos por el 1, sino por la primera letra de nuestra intención. Cuando hayamos unido los puntos, podremos seguir estilizando las líneas y variando su forma hasta que lo consideremos conveniente.

1	2	3	4	5	6	7	8	9
A	B	C	D	E	F	G	H	I
J	K	L	M	N	Ñ	O	P	Q
R	S	T	U	V	W	X	Y	Z

¿CÓMO SE USA UN SIGILO?

Como ya he dicho antes, los sigilos tienen muchísimas utilidades. Se pueden emplear para añadir energía al café de la mañana, dibujándolos con el azúcar o trazándolos sobre la espuma. También para proteger nuestra energía al inscribirlos mientras aplicamos el maquillaje en nuestro rostro. ¡Incluso podemos dibujarlos en el suelo de nuestro hogar mientras lo limpiamos para librarnos de todo tipo de suciedad (incluida la energética)!

PARA USAR UN SIGILO HAY QUE ACTIVARLO. A VECES ES SUFICIENTE CON CONCENTRARSE MIENTRAS SE ESTÁ TRAZANDO.

También puede servir meditar unos momentos, tomando en las manos el objeto en el que lo hemos dibujado. Otras veces es más conveniente inscribirlo en un papel y dejarlo arder (con las debidas precauciones). Todo depende del uso que se le esté dando al sigilo. Aunque, evidentemente, no vamos a dibujar un sigilo en una infusión y acto seguido le vamos a prender fuego.

SÍMBOLOS

El nudo de bruja es un símbolo conocido y poderoso. Proviene de la brujería medieval, donde se hacían conjuros con nudos. Tiene un alto poder protector y es usado en prácticas tradicionales. Está compuesto de un círculo donde se entrelaza el nudo continuo de cuatro puntas. Colgado de la puerta de un hogar, el nudo de bruja lo protegerá.

Tanto el pentagrama (solo la estrella) como el pentáculo (con el círculo) se usan para invocar o desterrar fuerzas energéticas. Cada punta representa un elemento; tierra, aire, fuego, agua y espíritu. En el pentáculo se recoge la unión infinita entre ellos. Se puede usar para proteger un espacio, sellar espejos y ventanas o purificar un material.

La triqueta simboliza la vida, la muerte y el renacer. Este nudo de tres puntas tiene diversos significados: igualdad-eternidad-indivisibilidad, eternidad-lealtad-verdad. Aporta curación, fertilidad y bendición. En ciertas culturas es tradición regalar una triqueta (en forma de colgante o anillo) a tu pareja, simbolizando las tres promesas de una relación (amar, honrar y proteger).

El trisquel es una figura conformada por tres espirales unidas (o tres piernas dobladas). Representa la evolución, el crecimiento, el equilibrio entre cuerpo-mente-espíritu, la relación continua entre el pasado, el presente y el futuro…

NUDO DE BRUJA PENTÁCULO TRIQUETA TRISQUEL

SÍMBOLOS ALQUÍMICOS

COBRE
PLOMO
LATÓN
ESTAÑO
FÓSFORO
VINAGRE
MORTERO
SALITRE
ANTIMONIO
LAPISLÁZULI
HIERRO
MERCURIO
ORO
ACEITE DE OLIVA
SAL

CAPÍTULO 3

PLANTAS Y MINERALES

Es importante conocer los usos y las propiedades de las plantas y minerales más comunes para incorporarlos en nuestra práctica. Estas plantas y minerales son populares por dos motivos: porque son abundantes en la naturaleza o porque son de gran utilidad (o ambos).

PLANTAS

ROMERO

- Purificación, protección, revitalización, memoria, recuerdo, da fuerza y atrae el amor.
- Enjuaga tu cabello con una infusión de romero templada (o fría) para que crezca sano y con fuerza. También tiene propiedades calmantes y puede ayudar con la sequedad del cuero cabelludo.

RUDA

- Purificación, protección, buena suerte, exorcismo, protege de las malas energías y del mal de ojo.
- Es un excelente repelente de insectos. Sus hojas secas funcionan muy bien contra las polillas.

SÁNDALO

- Protección, deseos, sanación, espiritualidad, calma, meditación, exorcismo.
- El olor del sándalo es conocido por ser muy relajante.

SALVIA COMÚN

- Protección, purificación, fuerza emocional, claridad mental, conocimiento.
- Para atraer el dinero, pon una hoja de salvia en tu cartera.

LAUREL

- Protección, éxito, sanación, creatividad, evita la negatividad y favorece el desarrollo.
- Escribe tu intención en una hoja de laurel y quémala para manifestarla rápidamente.

LAVANDA

- Purificación, meditación, paz, sueños, belleza, espiritualidad.
- Cuelga un ramo de lavanda del marco de la puerta de tu hogar para repeler la negatividad y mantener la paz.

TRÉBOL

- Amor, fidelidad, habilidades psíquicas, éxito, atracción, riquezas.
- Para atraer un nuevo amor, busca y guarda un trébol de dos hojas.

ANÍS

- Protección, deseo, adivinación, juventud, belleza, bendición, ofrenda a espíritus.
- Lleva un saquito de anís para guardarte del mal de ojo y ponlo debajo de tu almohada para evitar pesadillas.

MANZANILLA

- Sueño, protección, meditación, riquezas, buena suerte, calma, quitahechizos.
- Lava tus manos con infusión de manzanilla para atraer el dinero.

ROSA

- Amor, belleza, pasión, energía positiva, buena fortuna, satisfacción, inocencia, verdad.
- Lava tu cara con infusión de pétalos de rosa para aumentar tu belleza y autoestima.

MARGARITAS

- Felicidad, inocencia, suerte, amor, paz, abundancia, pureza, amistad.
- Arrancar los pétalos de una margarita de uno en uno (como en el juego de «me quiere, no me quiere») es un método de adivinación muy simple y fácil de usar.

CANELA

- Espiritualidad, éxito, sanación, prosperidad, buena suerte, protección.
- Es una de las plantas más versátiles. Puedes añadirla a casi cualquier hechizo para potenciarlo.

TOMILLO

- Protección, riquezas, coraje, fuerza, positividad, amor.
- Prepáralo en té o añádelo a tu baño para ayudarte con la tos y la congestión.

ORÉGANO

- Protección, felicidad, suerte, sueños proféticos, compromiso, creatividad, amor.
- Añade con intención orégano a cualquiera de tus recetas para aumentar sus propiedades.

PIMIENTA NEGRA

- Protección, purificación, claridad de pensamiento, estimulación.
- Pon pimienta negra en las esquinas de tu casa para protegerla de malas intenciones y deseos negativos.

MINERALES

Para que cumplan su función, debemos programar los minerales, dándoles la intención que queremos o indicándoles la tarea que deberán desarrollar.

AMATISTA

- Protección espiritual, calma, relajación, sueños, amor, meditación, intuición, equilibrio.
- Coloca una amatista cerca de tu cama para dormir mejor y tener sueños intuitivos, o llévala en un bolsillo para calmar los nervios y potenciar la memoria.

CUARZO

- Protección, purificación, calma, amplificación de la energía, sanación, espiritualidad.
- El cuarzo blanco es uno de los minerales más versátiles. Cárgalo con tu intención para darle casi cualquier uso.

CUARZO AHUMADO

- Purificación, protección, absorbe la negatividad, toma de tierra, relajación.
- Ten un cuarzo ahumado en tu espacio para que limpie su energía y lo llene de positividad.

CUARZO ROSA

- Amor incondicional, paz, autoestima, atracción, sanación, empatía, sensibilidad.
- Añade un cuarzo rosa en el agua con el que lavas tu cara para aumentar tu autoestima y tu belleza.

CITRINO

- Manifestación, imaginación, voluntad, nuevos comienzos, protección.
- Este mineral no acumula energía negativa (sino que la transmuta o la disipa), así que no necesita ser purificado en profundidad frecuentemente. Puedes cargarlo con tu intención y limpiarlo cuando creas que es necesario.

TURMALINA

- Limpieza, purificación, transformación de energías, sanación, autoconfianza, guía espiritual.
- Dependiendo de su color tiene otras propiedades adicionales. La turmalina negra protege contra maldiciones y malas energías, la turmalina azul aumenta la fidelidad y la responsabilidad, la marrón sana las relaciones familiares y fomenta la empatía...

MALAQUITA

- Sintonía, transformación, amplificación de energías, recuerdos, intuición, autoconocimiento, sanación.
- Es una piedra tóxica, su forma más segura es la pulida y nunca debe sumergirse en agua. Además, su energía es compleja y debe usarse con precaución. Para muchas intenciones es necesario acompañar la malaquita de otros minerales (como el lapislázuli o la crisocola).

MOLDAVITA

- Suerte, cambios, elimina bloqueos, toma de tierra, inspiración, poder, crecimiento.
- Pese a su mala fama en las redes, es un mineral que, si se usa correctamente, es muy útil debido a su gran poder y alta vibración. Es perfecta para recibir guía espiritual.

AVENTURINA

- Liderazgo, decisión, perseverancia, compasión, empatía, alivio, creatividad.
- Presenta varios colores y cada uno de ellos tiene, además, sus propiedades específicas. Por ejemplo, la aventurina azul sana la mente y la aventurina verde reconforta y protege el corazón.

CORNALINA

- Toma de tierra, vitalidad, motivación, coraje, calma, protección contra la envidia.
- Se recomienda añadir un adorno de cornalina a la puerta de tu hogar para atraer la abundancia (además de proteger).

FLUORITA

- Protección psíquica, limpieza del aura, despertar espiritual, intuición, estabilidad, unión.
- Este mineral también se presenta en diversos colores. Cada color tiene sus propiedades específicas. La fluorita verde absorbe las energías negativas del entorno y limpia el aura, la fluorita amarilla estimula la creatividad...

SELENITA

- Claridad, purificación, limpieza, paz, subconsciente.
- Las barras de selenita (o las dagas rituales de este material) son muy útiles para cortar lazos, desvincularnos de entidades y limpiar nuestra energía.

OBSIDIANA

- Protección, regresión a otras vidas, purificación, espiritualidad, claridad, verdad, elimina bloqueos.
- Sus diversos colores tienen, además, propiedades específicas. La obsidiana azul es perfecta como ayuda para un viaje astral, la arcoíris libera ataduras de amores pasados...
- Debe ser usada con precaución y conocimiento. Trabaja con gran velocidad y puede sacar a la superficie verdades desagradables demasiado rápido.

HEMATITA

- Armonía, toma de tierra, protección, equilibrio, fuerza, autoestima, resolución de problemas.
- Llévala cerca cuando tengas un día complicado y necesites claridad mental.

LAPISLÁZULI

- Sueños, espiritualidad, protección, verdad, autoconocimiento, amor, amistad.
- Inclúyela en tu práctica si necesitas deshacerte de ataduras emocionales.

AZURITA

- Habilidades psíquicas, intuición, nuevas perspectivas, calma, ánimo.
- Úsala durante meditaciones (y combínala con una pieza de malaquita) para facilitar la clarividencia.

PIRITA

- Escudo energético, protección, ideas, autoestima, confianza, abundancia.
- Lleva una pieza de pirita dentro del monedero para atraer riquezas.

JADE

- Pureza, serenidad, armonía, protección, autoconocimiento, abundancia.
- Los diversos colores en los que se presenta el jade tienen sus cualidades específicas. Por ejemplo, el jade azul aporta paz, paciencia y reflexión; el jade verde armoniza relaciones, el amarillo da energía y felicidad...

OJO DE TIGRE

- Toma de tierra, alta vibración, espiritualidad, protección, objetivos, autoestima, compromiso.
- En muchas culturas se usan joyas con este mineral para proteger de maldiciones y malos deseos.

LABRADORITA

- Protección, espiritualidad, seguridad, imaginación, equilibrio, confianza.
- Acompaña tu práctica de adivinación con una pieza de labradorita para potenciar la clarividencia y la intuición.

AGUAMARINA

- Coraje, relajación, tolerancia, claridad, protección, sensibilidad.
- En algunas culturas existe la creencia de que esta piedra consigue el favor de los espíritus de luz.

JASPE

- Apoyo, plenitud, organización, protección, toma de tierra, coraje, asertividad.
- Dependiendo de su color tiene, además, propiedades específicas. El jaspe marrón es perfecto para realizar una regresión a vidas pasadas, el jaspe rojo visibiliza los problemas y ayuda a su comprensión, el jaspe negro facilita las lecturas psíquicas...

ÁGATA

- Estabilidad, transforma energías negativas, purificación, atracción de amor.
- Hay varios tipos y cada uno tiene sus propiedades específicas: el ágata de cinta azul es adecuada para atraer calma y paz mental, el ágata musgo libera bloqueos y aporta abundancia...

·— LIMPIAR MINERALES —·

Para limpiar y cargar minerales podemos usar varios métodos. Algunos son más adecuados que otros, dependiendo tanto del tipo de mineral como de la intención que tengamos, pero todos ellos sirven para limpiar y cargar nuestras herramientas mágicas.

AHUMAR

Para usar este método solamente necesitaremos incienso (de una planta que coincida con nuestra intención) y una superficie donde dejar los minerales mientras estos son ahumados con el incienso.

- Encenderemos el incienso.
- Colocaremos nuestros minerales cerca del humo.
- Esperaremos hasta que la varilla o atadillo se consuma.

LA LUNA

Este método de limpieza y carga es de los que requiere menos preparación y materiales. Necesitaremos solo un recipiente donde colocar nuestros minerales, aunque también se puede realizar sin él.

- Ponemos nuestros minerales en un recipiente, como una bandeja.
- Los exponemos a la luz de la Luna.
- Los recogemos antes del amanecer si solo queremos que se recarguen de energía lunar.

Antes de exponer nuestros minerales a la luz lunar, debemos tener en cuenta la energía con la que los estaremos cargando. ¿La fase lunar actual coincide con la intención o uso que quiero dar a mis minerales? En algunos casos es mejor cargarlos cuando la Luna está en un signo en concreto, que coincida también con la intención que queremos conseguir. Por lo general, las noches de luna llena suelen tener la energía perfecta para recargar muchos de nuestros minerales. Durante eventos astrológicos menos comunes (como eclipses o conjunciones planetarias singulares), muchas personas prefieren no recargar sus minerales, dado que la energía de esos momentos puede ser poco previsible o demasiado fuerte.

¡Tened cuidado con los minerales solubles! En noches de humedad o con la lluvia pueden deshacerse un poco y perder su forma. Podéis protegerlos metiéndolos en un bote transparente y hermético.

EL SOL

Igual que ocurre con la carga y purificación con luz de lunar, la limpieza que emplea luz solar también es muy simple. Necesitaremos únicamente un recipiente, siendo esto opcional también.

- Ponemos nuestros minerales en una bandeja (o recipiente similar).
- Los exponemos a la luz solar.
- Los recogemos antes del anochecer si únicamente queremos que se recarguen de energía solar.

Antes de exponer nuestros minerales a la luz del Sol, también debemos tener en cuenta la energía del momento. ¿En qué signo se encuentra el Sol? Como hemos dicho antes, hay momentos astrológicos más adecuados que otros para cargar energéticamente nuestras queridas piedras.

¡Tened cuidado con los minerales propensos a la decoloración! Hay minerales que pierden o cambian su color cuando son expuestos a la luz solar. La aguamarina pierde su color (excepto si es férrea), la fluorita y la amatista varían su tonalidad (dependiendo de su procedencia), etc. Antes de exponerlos a la luz solar, es recomendable comprobar si son fotosensibles.

LA TIERRA

Otro método de limpieza y carga bastante simple es el entierro temporal de nuestros minerales. Este método, además, «revincula» los minerales con la tierra que los formó. Necesitaremos un saquito de tela (o un bote de cristal, si nuestros minerales son solubles y/o tóxicos) y una zona segura donde enterrarlos.

- Ponemos nuestros minerales en el saquito, aunque también los podemos enterrar directamente.
- Hacemos un agujerito en la tierra y los ponemos allí durante el tiempo que consideremos.
- Los desenterramos, asegurándonos de que dejamos la tierra de la misma forma que estaba antes de cavar.

Algunas veces solo he enterrado mis minerales durante un par de días, porque los necesitaba usar rápidamente. Otras veces, para conseguir unos minerales bien purificados y recargados, los entierro durante todo un ciclo lunar. En este caso, se entierran, por ejemplo, en una noche de luna llena y se recuperan durante la siguiente luna llena. Podéis enterrarlos cerca de alguna de vuestras plantas cuyas propiedades mágicas coincidan con la intención que queráis ponerle a esos minerales.

EL BOL

Para este tipo de limpieza y de carga necesitaremos un recipiente con un poco de profundidad, incienso, arroz, sal, romero y selenita.

- Primero, purificamos el recipiente quemando un poco de incienso.
- Después, añadimos una primera capa de arroz, que tiene propiedades tanto purificantes como secantes (y va a evitar que la humedad se acumule en nuestro bol y solidifique la capa siguiente).
- Luego, añadimos una capa de sal blanca.
- Podemos mezclar un puñadito de romero con la sal, que será muy útil por sus propiedades purificadoras y de recarga.
- En la mitad del bol colocamos una pieza de selenita.
- También podemos pintar un sigilo con nuestra intención (limpieza, recarga…) en el bol.
- Una vez listo, colocamos encima los minerales que queramos purificar y recargar. Dependiendo de la dureza de nuestros minerales, estos se pueden rayar o perder su brillo si entran en contacto directo con la sal. Siempre podéis buscar la clasificación de su dureza en la escala de Mohs (si la dureza de vuestro mineral es igual o inferior a la dureza de la sal, es probable que se raye). En caso de duda, añadid una tela fina cubriendo el bol antes de colocar los minerales encima.

Además de las capas de arroz y sal, podéis incluir una capa de shungita. Este mineral tiene increíbles propiedades purificadoras.

CAPÍTULO 4

HERRAMIENTAS MÁGICAS

VARITAS

Aunque no lancen rayos de luz ni hagan aparecer un vestido de princesa con un simple toque, las varitas son una herramienta mágica muy usada. Desde la Antigüedad encontramos muchísimas formas de varita (como cetros, bastones o báculos) que se usaban en momentos rituales y ceremonias.

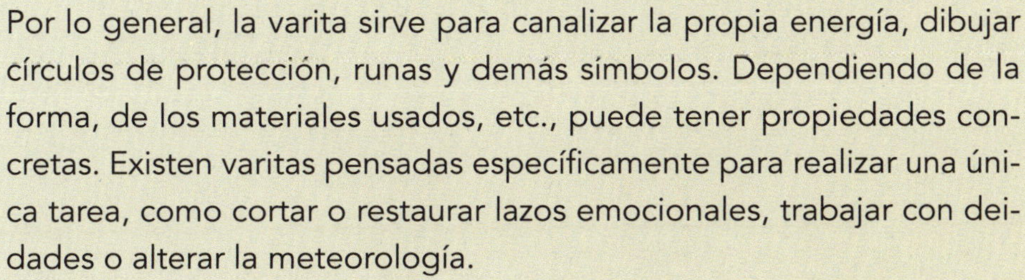

HOY EN DÍA EXISTEN VARITAS EN MUCHAS CULTURAS, PERO RARA VEZ RECIBEN DIRECTAMENTE ESE NOMBRE.

Por lo general, la varita sirve para canalizar la propia energía, dibujar círculos de protección, runas y demás símbolos. Dependiendo de la forma, de los materiales usados, etc., puede tener propiedades concretas. Existen varitas pensadas específicamente para realizar una única tarea, como cortar o restaurar lazos emocionales, trabajar con deidades o alterar la meteorología.

·– CÓMO HACER TU VARITA –·

Pese a que se pueden comprar varitas ya hechas a artesanos especializados, siempre he conectado más con las que he fabricado yo misma. Una varita puede ser tan simple o compleja como deseéis, e incluir tantos elementos como se crea necesario. La práctica de cada persona es muy diferente, pero usad siempre materiales que armonicen con vosotras y con vuestra magia.

Primero debemos buscar algo que pueda servirnos para realizar la varita: una rama, un hueso de cornamenta… Si vais a tomar una rama viva de un árbol, podéis dar algo a cambio (como regarlo con un poco de agua de luna).

LAS VARITAS SUELEN TENER UNA PUNTA POR DONDE SE PROYECTA LA ENERGÍA Y UNA BASE QUE ATRAE LA ENERGÍA.

Una vez que tengamos claro qué función de las anteriores cumplirá cada extremo, empezaremos a preparar nuestra varita.

Podemos tallar en ella símbolos, trenzarle otras ramas de árboles distintos, modificar su forma, moldear un mango, añadir minerales en la punta o en la base… También se puede quemar un poco su exterior, o perforar desde la base y vaciar su interior para, después, rellenarla con minerales o tierra de un lugar especial.

SE PUEDEN AÑADIR ELEMENTOS CON FUNCIÓN TANTO DECORATIVA COMO ESPIRITUAL: CASCABELES, PLUMAS, HILOS…

MADERAS
Y SUS SIGNIFICADOS TRADICIONALES

- **Abedul**: nacimiento, comienzo.
- **Acebo**: magia defensiva, amplificación.
- **Aliso**: hadas, fuerza, luz.
- **Avellano**: sanación, sabiduría.
- **Azarollo**: vida, magia, protección.
- **Espino**: plenitud, magia ofensivodefensiva.
- **Fresno**: conocimiento, renacimiento, salud.
- **Hiedra**: fidelidad, lealtad, amistad.
- **Higuera**: adivinación, fertilidad, amor.
- **Junco**: poder, adivinación.
- **Manzano**: amor, conocimiento oculto.
- **Naranjo**: amor, suerte, prosperidad.
- **Olivo**: equilibrio, conocimiento, positividad.
- **Roble**: resistencia, fuerza, magia defensiva.
- **Sauce**: magia lunar, fertilidad.
- **Sauco**: espíritus, encantamientos.
- **Tilo**: sueño, protección, suerte.
- **Vid**: júbilo, alegría.

Para preparar nuestra varita para trabajar podemos usar diversos métodos; algunos de ellos más simples y otros un poco más elaborados.

PODEMOS CARGARLA DENTRO DE UN CÍRCULO DE ELEMENTOS, CON LUZ LUNAR O SOLAR, CON NUESTRA PROPIA ENERGÍA...

Personalmente uso un círculo de elementos (que os explicaré en el próximo capítulo) mientras recito un escrito en el que doy una intencionalidad a la varita. También incluyo dentro de la «preparación energética» de la varita todo el tiempo que invierto en buscar la madera, diseñarla y construirla.

ADIVINACIÓN

EN LA ACTUALIDAD, EXISTEN VARIOS MÉTODOS DE ADIVINACIÓN.

¿CÓMO SE ADIVINA?

La adivinación es bastante compleja y no se puede resumir en «leer el futuro». Tanto con las runas como con otros métodos, podemos recibir consejo y guía espiritual, interpretar sueños de forma más exacta... Leer runas es tan simple o complejo como cada persona quiera hacerlo. Hay una parte teórica, ya que es necesario conocer el significado e historia de las runas o del tarot para después interpretar, pero también existe un elemento imprescindible: la intuición. Gracias a ella podemos aplicar el significado de la runa o la carta a la pregunta que estábamos haciendo, combinar los significados de las runas entre ellos, etc. Teoría e intuición trabajan juntas para conseguir una buena lectura.

Como en cualquier otro ámbito del mundo de la brujería, en la adivinación se mejora a base de práctica. Hay personas que tienen más facilidad que otras, pero con trabajo siempre se puede conseguir llegar a un buen nivel.

·– LECTURA DE RUNAS –·

Para empezar a leer runas vamos a necesitar nuestro set de runas (que hicimos en el capítulo 2), la lista de significados (para poderlas interpretar) y una libreta (para apuntar nuestras conclusiones). Empezaremos pensando en nuestra pregunta, reflexionando sobre ella, mientras paseamos nuestra mano por las runas (en la caja, en la bolsa, encima de una mesa…).

UNA DE LAS PREGUNTAS QUE MÁS ME GUSTA HACER ES ESTA: ¿QUÉ NECESITO ESCUCHAR HOY?

Cuando creáis que habéis encontrado la runa de respuesta parad la mano y cogedla. Miradla bien y buscad las palabras que la definen. Intentad intuir por qué esa runa es la que responde a vuestra pregunta. ¿Os está diciendo que vais a necesitar un poco más de aquello que simboliza? ¿Os advierte de un exceso de ello? Apuntad la fecha de la lectura y vuestras conclusiones.

Cuando pasen un par de días volved a consultar las conclusiones. ¿Estaban bien planteadas? ¿La runa os quería decir otra cosa diferente que ignorasteis?

Poco a poco id subiendo el número de runas dentro de las lecturas. Podéis plantear tiradas de dos runas, donde cada una se refiera a un aspecto distinto. Por ejemplo, ¿qué necesito dejar atrás?, ¿dónde debo concentrarme?... O también realizar tiradas donde ambas runas complementen la misma pregunta: ¿qué debo hacer para solucionar este problema?

Si mi pregunta era ¿cómo soluciono el problema? y saco estas dos runas, combinaré sus significados para dar respuesta a esa pregunta. La runa algiz habla de protección y la runa gebō de relaciones; tal vez quiera decir que proteja los vínculos que tengo con las personas más cercanas a mí.

EN LA ADIVINACIÓN HAY TIRADAS MUY CONOCIDAS, ¡PERO UNA TIRADA PROPIA TAMBIÉN PUEDE FUNCIONAR DE LA MISMA MANERA!

Solamente es importante que tenga una estructura clara. Podéis diseñar vuestras propias tiradas conforme practiquéis e irlas apuntando.

A continuación, os muestro dos de mis tiradas preferidas:

TIRADA A

1 ¿Qué debo potenciar en mi vida?
2 ¿Dónde debería dejar de concentrar mis energías?
3 ¿Qué me puede ayudar durante los próximos días?

1 2 3

TIRADA B

1 ¿Cuál será mi mayor problema?
2 ¿Qué lo provocará?
3 ¿Cómo me va a afectar?
4 ¿Cómo afectará a mi subconsciente?
5 ¿Cómo puedo evitarlo o solucionarlo?
6 ¿Cuál será mi ayuda externa?

2
3 1 4
5 6

TAROT

Hay varios tipos de barajas, aunque algunas son más populares que otras. Los dos formatos de baraja más reconocidos o populares actualmente son el tarot de Marsella y el tarot de Rider-Waite. Estos tarots existen con sus formatos más tradicionales, con las ilustraciones clásicas, y, además, con variaciones en las ilustraciones. Como cualquier otra herramienta mágica, la baraja también debe ser purificada y cargada de forma correcta.

RECOMIENDO PASAR TIEMPO CONECTANDO CON LA BARAJA Y REFLEXIONANDO SOBRE LAS ILUSTRACIONES PARA HACER EL PROCESO DE APRENDIZAJE MÁS LIGERO.

La adivinación con tarot es bastante compleja, dado que las cartas albergan diversos significados y están llenas de simbolismo. Las barajas con las que más trabajo siguen el modelo de Rider: 78 cartas divididas en arcanos menores —en cuatro palos a su vez (pentáculos, espadas, bastos y copas)— y en arcanos mayores. Las propias ilustraciones suelen representar, mediante simbología a veces, el significado de la carta. Además, cada carta tiene su interpretación numerológica y cada palo su significado. Durante una tirada, los significados y simbolismos de todas las cartas que hay sobre la mesa pasan a conformar una especie de «red» de respuestas. La enorme mayoría de barajas vienen acompañadas de un pequeño librito, que incluye los significados básicos y, a veces, alguna tirada conocida. Personalmente considero que nunca se deja de aprender sobre el tarot; siempre habrá nuevas interpretaciones o formas de leer, más habilidad para interpretar, nuevas tiradas más complejas… Igual que ocurre con las runas, el tarot se puede empezar a leer poco a poco, sacando una carta o dos. ¡Y también se pueden diseñar tiradas propias! Estas son algunas de mis favoritas.

SOBRE UNA SITUACIÓN O CONFLICTO

1 Pasado

2 Presente

3 Futuro

4 Motivo de la situación

5 Consejo o advertencia

LA HERRADURA

1 Situación actual

2 La mejor opción para el siguiente paso

3 Obstáculos

4 Puntos de apoyo y recursos de ayuda

5 Resultado más probable

CRUZ CELTA

1 Situación actual de quien consulta

2 Aquello que se cruza en su camino, obstáculos

3 Situación mental de quien consulta

4 Origen del problema, pasado

5 Pasado reciente, marcado por el origen del problema

6 Futuro próximo

7 Reacción o actitud interna ante los problemas

8 Fuerzas externas, ayudas del entorno

9 Deseos y esperanzas

10 Síntesis, resultado

Existe una tradición que establece que la primera baraja de tarot de una persona debe ser regalada. A mi parecer, hoy en día esta tradición no tiene demasiado sentido. Solo evita que personas ajenas a la brujería, que no formen parte de un círculo de personas relacionado con este mundo, empiecen a aprender sobre el tarot.

LOS ARCANOS MAYORES

Son las cartas que «no pertenecen a ningún palo». Hay muchísimas formas de interpretar este grupo de cartas dentro de una tirada. Una de las que más me gusta es el llamado «viaje del Loco». El arcano del Loco (arcano número 0) inicia su viaje, muy ligero de equipaje, pasando por los distintos puntos de la vida hasta llegar a completarse con la última carta: el Mundo (arcano número XXI). Dependiendo de la baraja, el orden numérico puede cambiar, igual que podemos encontrar arcanos nuevos (como el Pozo o el Artista).

CUANDO EMPIEZAN A SALIR ARCANOS MAYORES EN UNA DE MIS SESIONES DE TAROT, LOS INTERPRETO SIEMPRE COMO MENSAJES VERDADERAMENTE IMPORTANTES O CRUCIALES.

0 · EL LOCO

Urano

Aire

Cartas complementarias

- Todos los arcanos mayores.

Palabras clave

- Derecho — Nuevos inicios, viaje, espíritu libre, inocencia, originalidad, instinto, peligro.
- Revés — Apatía, incertidumbre, imprudencia, negligencia.

I · EL MAGO

Mercurio

Aire

Cartas complementarias

- La Rueda de la Fortuna y el Sol.

Palabras clave

- Derecho — Manifestación, decisión, fuerza espiritual, concentración.
- Revés — Malestar, orgullo, falta de previsión, incapacidad, demora.

II · LA SACERDOTISA

La Luna

Agua

Cartas complementarias

- La Justicia y el Juicio.

Palabras clave

- Derecho Subconsciente, intuición, habilidades psíquicas, misterio, sabiduría.
- Revés Represión, secretos, desconfianza, pérdida.

III · LA EMPERATRIZ

Venus

Tierra

Cartas complementarias

- El Colgado y el Mundo.

Palabras clave

- Derecho Creación, lujo, belleza, abundancia, fertilidad, madre naturaleza.
- Revés Desconexión, oposición, negligencia, indecisión.

IV · EL EMPERADOR

Aries

Fuego

Cartas complementarias

- La Muerte.

Palabras clave

- Derecho Poder, autoridad, control, experiencia, dominación, pericia.
- Revés Elusión, rigidez, impotencia, desorden.

V · EL SUMO SACERDOTE

Tauro

Tierra

Cartas complementarias

- La Templanza.

Palabras clave

- Derecho Tradición, religión, estudio, sabiduría espiritual, institución, consejos.
- Revés Hipocresía, corrupción, rebelión, desobediencia.

VI · LOS AMANTES

Géminis

Aire

Cartas complementarias

- El Diablo.

Palabras clave

- Derecho: Unificación, relaciones, amor, dualidad, elección, deseo.
- Revés: Separación, desequilibrio, desconexión, conflicto.

VII · EL CARRO

Cáncer

Agua

Cartas complementarias

- La Torre.

Palabras clave

- Derecho: Control, fuerza de voluntad, maestría sobre uno mismo, motivación, victoria.
- Revés: Agresión, pérdida de control, duda, derrota.

VIII · LA FUERZA

Leo

Fuego

Cartas complementarias

- La Estrella.

Palabras clave

- Derecho: Serenidad interior, paciencia, confianza, compasión, coraje.
- Revés: Rabia, orgullo, furia, conflicto.

IX · EL ERMITAÑO

Virgo

Tierra

Cartas complementarias

- La Luna.

Palabras clave

- Derecho: Introspección, soledad, reflexión, retiro, meditación, iluminación.
- Revés: Aislamiento, estupidez, repliegue, depresión.

X · LA RUEDA DE LA FORTUNA

Júpiter

Fuego

Cartas complementarias

- El Mago y el Sol.

Palabras clave

- Derecho: Ciclo, destino, karma, oportunidad, suerte, cambios.
- Revés: Falta de voluntad, mala suerte, caos, maldición.

XI · LA JUSTICIA

Libra

Aire

Cartas complementarias

- La Sacerdotisa y el Juicio.

Palabras clave

- Derecho: Verdad, consecuencias, equidad, equilibrio, igualdad.
- Revés: Corrupción, mala fe, conflicto, falta de responsabilidad.

XII · EL COLGADO

Neptuno

Agua

Cartas complementarias

- La Emperatriz y el Mundo.

Palabras clave

- Derecho: Sacrificio, introspección, nueva perspectiva, reflexión, liberación, rendición.
- Revés: Oportunidad perdida, indecisión, retraso, ilusión.

XIII · LA MUERTE

Escorpio

Agua

Cartas complementarias

- El Emperador.

Palabras clave

- Derecho: Conclusión, transformación, finales, ciclo, cambio, transición.
- Revés: Estancamiento, resistencia, obsesión, inmovilidad.

XIV · LA TEMPLANZA

Sagitario

Fuego

Cartas complementarias

- El Sumo Sacerdote.

Palabras clave

- Derecho Moderación, sobriedad, equilibrio, divinidad, sanación, objetivo.
- Revés Frustración, competencia, excesos, desequilibrio.

XV · EL DIABLO

Capricornio

Tierra

Cartas complementarias

- Los Amantes.

Palabras clave

- Derecho Seducción, vicios, esclavitud, dependencia emocional, pasión, materialismo.
- Revés Nueva perspectiva, conciencia, libertad, vulnerabilidad.

XVI · LA TORRE

Marte

Fuego

Cartas complementarias

- El Carro.

Palabras clave

- Derecho Destrucción, cambio brusco, desesperación, toma de conciencia, devastación.
- Revés Rechazo, miedo, negación, reticencia.

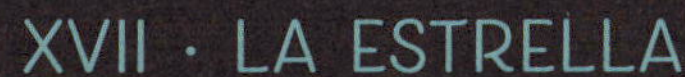

XVII · LA ESTRELLA

Acuario

Aire

Cartas complementarias

- La Fuerza.

Palabras clave

- Derecho Renacimiento, esperanza, renovación, fe, serenidad, espiritualidad, claridad.
- Revés Falta de confianza, prueba de fe, desesperación, desconexión, negatividad.

XVIII · LA LUNA

Piscis

Agua

Cartas complementarias

- El Ermitaño.

Palabras clave

- Derecho Ilusiones, subconsciente, intuición, engaño, miedos, ansiedad.
- Revés Emociones reprimidas, confusión interior, frustración, tristeza.

XIX · EL SOL

El Sol

Fuego

Cartas complementarias

- El Mago y la Rueda de la Fortuna.

Palabras clave

- Derecho Positivismo, iluminación, alegría, celebración, éxito, vitalidad.
- Revés Egoísmo, pérdida del optimismo, egocentrismo, tristeza.

XX · EL JUICIO

Plutón

Fuego y Agua

Cartas complementarias

- La Sacerdotisa y la Justicia.

Palabras clave

- Derecho Despertar, renacimiento, aceptación, resurrección, absolución, libertad.
- Revés Inseguridad, estancamiento, obstrucción, rechazo.

XXI · EL MUNDO

Saturno

Tierra

Cartas complementarias

- La Emperatriz y el Colgado.

Palabras clave

- Derecho Final, culminación, éxito, sabiduría, realización, satisfacción, viaje.
- Revés Arrepentimiento, sentirse incompleto, falta de orientación, dudas.

LOS ARCANOS MENORES

Se dividen en cuatro palos: copas, bastos, oros y espadas.

EL PALO DE COPAS

Este palo representa dentro de la baraja la forma en la que se manifiestan los sentimientos, las diferentes relaciones que puede haber, los vínculos emocionales y la intuición.

Rige las emociones, los asuntos del corazón y las relaciones.

Correspondencias astrológicas

♋ **Cáncer** ♏ **Escorpio** ♓ **Piscis**

Elemento

▽ **Agua**

I

- **Derecho** Nuevo amor, arte, creatividad, energía emocional primaria, imaginación, pureza.
- **Revés** Emociones reprimidas, vulnerabilidad, final, separación.

II

- **Derecho** Salud, colaboración, unión, equilibrio, amor verdadero, almas gemelas.
- **Revés** Desequilibrio, lucha, desconexión, indignidad.

III

- **Derecho** Comunidad, reunión, felicidad, amistad, afecto, celebración, creatividad.
- **Revés** Creatividad reprimida, deslealtad, desconexión, indulgencia excesiva.

IV

- **Derecho** Insatisfacción, rutina, aislamiento, apatía, agotamiento.
- **Revés** Aburrimiento, inexperiencia.

V

- **Derecho** Pérdida, fracaso, pena, viejas heridas, negatividad.
- **Revés** Aceptación, perdón, nostalgia.

VI

- **Derecho** Reencuentro, mirar atrás, nostalgia, recuerdos, amor de la infancia, inocencia.
- **Revés** Carencias, inocencia, abuso, decepción.

VII

- **Derecho** Ilusión, deseos irreales, confusión, fantasía, sueños y pesadillas, habilidades psíquicas.
- **Revés** Incertidumbre, tentación, indecisión, abrumado.

VIII

- **Derecho** Renuncia, viaje, punto muerto, soltar, final agridulce, pérdida de interés.
- **Revés** Incapacidad, deriva, rechazo, confusión.

IX

- **Derecho** Felicidad, gratificación, satisfacción, buena suerte, armonía.
- **Revés** Materialismo, avaricia, expectativas irreales, jactancia.

X

- **Derecho** Abundancia, amor, prosperidad, comodidad, armonía, serenidad.
- **Revés** Ruptura, falta de conclusión, negligencia, desfase.

PAJE

- **Derecho** Confianza, visión, ternura, sensibilidad, intuición, amabilidad, compasión.
- **Revés** Inmadurez, apatía, inseguridad, impulsividad.

CABALLERO

- **Derecho** Progreso, realización, curación, romanticismo, caballerosidad, dedicación, afecto.
- **Revés** Celos, desilusión, egoísmo, jactancia.

REINA

- **Derecho** Protección, creatividad, elegancia, percepción, amabilidad, visiones, intuición.
- **Revés** Dependencia, deshonestidad, insatisfacción, inseguridad.

REY

- **Derecho** Calma, fuerza, sabiduría, serenidad, cuidados, ambivalencia, equilibrio.
- **Revés** Intolerancia, cambios de humor, abuso, dependencia emocional.

EL PALO DE BASTOS

Este palo representa dentro de la baraja las búsquedas de uno mismo, a nivel espiritual y creativo, la ambición, la fuerza… Te llama a la acción en las situaciones que surgen en la vida.

Rige las búsquedas creativas y espirituales.

Correspondencias astrológicas

Aries **Leo** **Sagitario**

Elemento

Fuego

I

- Derecho: Inspiración, pasión, potencial, energía creativa primaria, espiritualidad.
- Revés: Fines, retrasos, desmotivación, impaciencia.

II

- Derecho: Concentración, decisiones, equilibrio, planificación, descubrimiento, acción e inacción.
- Revés: Exceso de confianza, frenado, falta de determinación, bloqueo.

III

- Derecho: Estrategia, previsión, transformación, viaje, desarrollo, asociación.
- Revés: Obstáculos, riesgo, desilusión, retraso.

IV

- Derecho: Promesa, alegría, celebración, armonía, matrimonio, regalos, hogar.
- Revés: Tensión, inestabilidad, transición, cambio.

V

- Derecho: Desacuerdo, resistencia, lucha, competencia, obstáculo, éxito.
- Revés: Huida, dudas, negociación, evasión.

VI

- Derecho: Victoria, triunfo, reconocimiento público, promoción, reivindicación.
- Revés: Egoísmo, dudas, negligencia, orientación incorrecta.

VII

- **Derecho** Desafío, reto, valentía, confianza, responsabilidad, soledad, justificación.
- **Revés** Inferioridad, debilidad, abrumado, juicio.

VIII

- **Derecho** Acción, productividad, entusiasmo, potencial, éxito, velocidad, cambio.
- **Revés** Demora, errores, confusión, frustración.

IX

- **Derecho** Valor, cautela, agotamiento, determinación, esperanza.
- **Revés** Defensivo, fracaso, paranoia.

X

- **Derecho** Perseverancia, sobrecarga, presión, carga emocional, estrés, final.
- **Revés** Inmadurez, alivio, simplificación de la situación, evasión.

PAJE

- **Derecho** Curiosidad, optimismo, entusiasmo, acción, poder, viaje.
- **Revés** Pereza, arrogancia, desconcentración, pesimismo.

CABALLERO

- **Derecho** Popularidad, espontaneidad, entusiasmo, determinación, impulsividad.
- **Revés** Pesimismo, rabia, frustración del ego.

REINA

- **Derecho** Desarrollo, intuición, belleza, dinamismo, encanto, liderazgo.
- **Revés** Frialdad, celos, agresión, personalidad dominante.

REY

- **Derecho** Influencia, madurez, fuerza, liderazgo, pasión, astucia, seducción.
- **Revés** Intolerancia, despiadado, impaciencia, impulsividad.

EL PALO DE OROS

Este palo representa dentro de la baraja aquello relacionado con la salud, la economía, los estudios, la carrera profesional… Es un reflejo de lo que se manifiesta en el mundo físico.

Rige los asuntos físicos y económicos.

Correspondencias astrológicas

♉ **Tauro** ♍ **Virgo** ♑ **Capricornio**

Elemento

Tierra

I

- **Derecho:** Nuevos comienzos, abundancia, buena salud, dinero, energía material primaria, suerte.
- **Revés:** Corrupción, avaricia, riesgos, demora.

II

- **Derecho:** Adaptabilidad, fluctuación, armonía, equilibrio, gestión.
- **Revés:** Irresponsabilidad, incertidumbre, negligencia, desorden.

III

- **Derecho:** Colaboración, confianza, nuevo proyecto, satisfacción, estatus, reconocimiento.
- **Revés:** Competición, interferencia, lentitud, discordia.

IV

- **Derecho:** Ahorros, seguridad, conservadurismo, control, estabilidad.
- **Revés:** Avaricia, materialismo, pérdida, desconfianza.

V

- **Derecho:** Pobreza, escasez, tiempos difíciles, lesiones, salud deficiente.
- **Revés:** Recuperación financiera, confianza, espiritualidad, nuevas oportunidades.

VI

- **Derecho:** Generosidad, gratitud, bendición, compartir, caridad.
- **Revés:** Avaricia, crueldad, egoísmo, juicio.

VII

- **Derecho** Beneficio, inversión, paciencia, perseverancia, trabajo, crecimiento.
- **Revés** Desempleo, fracaso, revalorización.

VIII

- **Derecho** Creatividad, pasión, dedicación, objetivo, habilidades, ganas de aprender.
- **Revés** Perfeccionismo, obsesión, frustración, fracaso.

IX

- **Derecho** Lujo, abundancia, éxito, prosperidad, dinero, aprecio.
- **Revés** Materialismo, indulgencia excesiva, pérdida, fracaso.

X

- **Derecho** Familia, realización, riqueza, prosperidad, fundamentos, confort, seguridad.
- **Revés** Presión, juicio, pérdida, soledad.

PAJE

- **Derecho** Oportunidades, descubrimiento, concentración, estudio, maestría, disfrute.
- **Revés** Ignorancia, inmadurez, frustración, resentimiento.

CABALLERO

- **Derecho** Eficiencia, eficacia, prudencia, fiabilidad, progreso, ambición.
- **Revés** Lentitud, pereza, inactividad, despreocupación.

REINA

- **Derecho** Prosperidad, creación, maternal, liderazgo, trabajo, satisfacción.
- **Revés** Soledad, martirio, superficialidad, desequilibrio.

REY

- **Derecho** Abundancia, realismo, fiabilidad, liderazgo, fuerza, trabajo, poder.
- **Revés** Control, inestabilidad, abuso del poder, supresión.

EL PALO DE ESPADAS

Este palo representa dentro de la baraja nuestra mente, pensamientos, sueños y temores. También se asocia con el poder y el conflicto.

Rige los asuntos mentales e intelectuales.

Correspondencias astrológicas

Géminis **Libra** **Acuario**

Elemento

Aire

I

- Derecho: Objetivo, nuevas ideas, racionalidad, claridad, energía intelectual primaria, victoria.
- Revés: Inseguridad, desorden, aburrimiento, confusión.

II

- Derecho: Intuición, compromiso, indecisión, dudas, punto muerto, falta de información.
- Revés: Miedo, confusión, sentirse abrumado, conflicto.

III

- Derecho: Corazón roto, angustia, desgracia, duelo, dolor, rechazo.
- Revés: Perdón, recuperación, introspección, claridad.

IV

- Derecho: Contemplación, descanso, sanación, recuperación, relajación.
- Revés: Resentimiento, estancamiento, frustración, agotamiento.

V

- Derecho: Egoísmo, tensión, deshonra, engaño, conflicto, resentimiento.
- Revés: Resolución, perdón, reunión, comprensión.

VI

- Derecho: Transición, soluciones, abandono de la lucha, seguridad, cambio.
- Revés: Desequilibrio, retraso, desafíos, indecisión.

VII

- **Derecho** Engaños, huida, medias verdades, robo, conspiración, irresponsabilidad.
- **Revés** Responsabilidad, compromisos, aceptación, desafíos.

VIII

- **Derecho** Aislamiento, decepción, restricción, encarcelamiento, estar preso.
- **Revés** Liberación, responsabilidad, aceptación, descubrimiento.

IX

- **Derecho** Crisis, miedo, ansiedad, culpabilidad, angustia, insomnio.
- **Revés** Objetividad, revelación, percepción, recuperación.

X

- **Derecho** Derrota, traición, sucumbir, fin, ciclos, soltar, tristeza, pérdida.
- **Revés** Esperanza, recuperación, renovación, aceptación de la situación.

PAJE

- **Derecho** Claridad, resolución de problemas, dinamismo, agilidad mental, curiosidad.
- **Revés** Irritabilidad, ansiedad, pesadez, dudas.

CABALLERO

- **Derecho** Obstinación, energía, ingenio, arrogancia, rigurosidad, argumentos.
- **Revés** Debilidad, poca fiabilidad, desorden, impaciencia.

REINA

- **Derecho** Confianza, fiabilidad, independencia, observación, visión crítica, fuerza.
- **Revés** Crueldad, distancia, emocional, ambición.

REY

- **Derecho** Intelectualidad, control, justicia, buena gestión, objetivos claros.
- **Revés** Indecisión, manipulación, crueldad, abuso.

PÉNDULO

Es, junto con las runas, una de las herramientas más accesibles en cuanto a materiales se refiere. Se puede fabricar uno con un cordel y un anillo o un colgante, aunque en la actualidad un péndulo artesano es muy fácil de encontrar. Hará falta purificarlo y cargarlo cuando se considere necesario. Cada péndulo tiene una forma de decir «sí», «no» y «no sé». Cuando se empieza a trabajar con el péndulo se debe conocer su manera de responder. Habrá que pedirle al péndulo «dame un sí», «dame un no», «dame un no sé». Por cada respuesta, el péndulo hará un movimiento diferente: girará en sentido horario o antihorario, se moverá de izquierda a derecha, de norte a sur…

CADA PÉNDULO TIENE SU PROPIA COMBINACIÓN DE RESPUESTAS, Y SIEMPRE RESPONDEN A PREGUNTAS SIMPLES (DE SÍ O NO).

Para preguntar sobre asuntos más complejos, cuando ya tengáis experiencia trabajando con el péndulo, comunicándoos con vuestro «yo

superior», y protegiendo vuestro espacio, podéis probar a utilizar una tabla con el alfabeto como la siguiente, donde situáis vuestro péndulo suspendido en el centro y esperáis a que deletree una respuesta.

Aunque las tablas de letras (ya sean de péndulo o ouijas) tengan mala fama, son una herramienta muy útil si se usan de forma correcta. Igual que otras tantas herramientas mágicas, se utilizan como una especie de «teléfono». Si no sabes a qué «número» llamar, cualquier entidad podrá contestar (y es aquí donde se genera el peligro). El truco para una conexión segura con tu «yo superior» (que es quien responde a las preguntas) es la práctica y la meditación, además de la experiencia con las protecciones energéticas. Por lo tanto, hay que trabajar con cautela y respeto, pero tampoco debemos temer a una tabla con el alfabeto.

Algunas personas dudan de los resultados o respuestas del péndulo, dado que se puede manipular con un simple movimiento de muñeca. Una solución fácil a este problema es suspender nuestro péndulo dentro de una botella.

PÉNDULO EN BOTELLA

Necesitaremos un péndulo con cadena, una botella de tapón blando (o de corcho), pegamento y elementos decorativos.

Primero purificaremos todos nuestros materiales con un poco de incienso. Haremos un pequeño agujero en el tapón de la botella y pasaremos por él la cadena de nuestro péndulo. Tened en cuenta la longitud que quedará una vez que lo introduzcamos en la botella: debe haber un centímetro como mínimo entre el péndulo y la base de la botella. Aseguraremos bien la cadena al tapón para que no se caiga y cerraremos la botella. Una vez hecho esto, podemos decorar el exterior como mejor nos parezca.

Personalmente nunca sello la botella, por si en algún momento necesito arreglar la cadena, cambiar el péndulo o limpiar la botella.

VELAS

Las velas son un elemento imprescindible en la práctica de muchas brujas. Hay infinitas formas de usarlas, tanto como un elemento más de un hechizo o ritual o siendo la parte principal de nuestro trabajo. Cuando dedicamos velas a un antepasado, las usamos dentro de un ritual o las hechizamos para desenmascarar secretos, es muy importante conocer cómo interpretarlas. Una buena interpretación de una vela —que nos indica que nuestro ritual no va por buen camino, por ejemplo— puede ser crucial para corregir nuestro trabajo a tiempo y obtener el resultado deseado.

EL ARTE DE LEER Y ADIVINAR MEDIANTE LA INTERPRETACIÓN DE VELAS RECIBE EL NOMBRE DE VELOMANCIA.

Hay tres formas principales para interpretar una vela: leer la llama, leer la caída de la cera e interpretar los restos de la vela sobre el plato una vez que esta se consume por completo. La interpretación de velas es tremendamente compleja, pero siempre se puede empezar por una pequeña guía con unas cuantas nociones básicas.

LECTURA DE LA LLAMA

- Extinción inesperada de la llama: fracaso y problemas graves.
- Luz pequeña en la mecha: prosperidad y éxito. Ingresos inesperados y buena suerte.
- Aumento rápido de la luz emitida por la llama: advierte de peligros, malas compañías, y pésimos resultados. Invita a replantear los objetivos y a reflexionar sobre aquello que podríamos mejorar.
- Varios puntos de luz en la mecha: un nuevo inicio, descubrimientos importantes.
- Chasquido (sin chispas): posibilidad de problemas o accidentes.
- Chispas: equivocaciones y errores de cálculo que retrasarán nuestros objetivos.
- Llama de derecha a izquierda: poca prosperidad y mala suerte.
- Llama de izquierda a derecha: buena suerte, noticias agradables.
- Llama en zigzag: traición por parte de alguien cercano. Proyectos inacabados.
- Elevación rápida de la llama: éxito en el amor y en los proyectos. Reconocimiento.
- Elevación y descenso rápido de la llama: problemas y altibajos en las relaciones. Si ya hay desequilibrio, anuncia su fin.

LECTURA DE LA CAÍDA DE LA CERA

- Caída rápida de una gota de cera hasta la base: buenas noticias que llegarán con rapidez.
- Caída hasta la base haciendo pausas: mal augurio, incapacidad para solucionar problemas, indecisión.
- Caída de una única gota por el lado derecho de la vela: respuesta positiva, solución a los problemas.
- Caída de una única gota por el lado izquierdo: negación, soluciones lentas.
- Cambio de dirección en la trayectoria de caída de la gota: futuro incierto; si hay soluciones, tardarán en llegar.
- Una gota que se ramifica mientras cae: buen augurio, tranquilidad.
- Gotas que se detienen y se unen a otras antes de llegar a la base: buen augurio, soluciones rápidas.
- Varias gotas se unen durante su caída, formando una más grande: si cae por la derecha, las soluciones se hallarán gracias a la ayuda de alguien; si cae por la izquierda, las soluciones vendrán de una misma.

LECTURA DEL POSO DE LA CERA

- Alargado: faltan objetivos claros, necesidad de la ayuda de otras personas.
- Circular: situación indefinida; para resolverse será necesaria la intervención de terceras personas.
- Semicircular: problemas.
- Cuadrado: buena suerte y éxito en temas sentimentales.
- Rectangular: ayuda inesperada.
- Forma animal: si es un animal de aire, se trata de buenas noticias y cambios positivos; si es de agua, se habla de cambios inminentes, y, si es de tierra, se refiere a estabilidad.
- Letra: del derecho, buena fortuna; del revés, lo contrario.

También podéis estar atentas a otras formas que haya dejado la cera, como una figura femenina (si la vela estaba dedicada a una deidad relacionada con la feminidad) o corazones, hojas, etc., que la cera haya ido formando. Es importante inspeccionar la vela desde varios ángulos mientras está encendida y una vez apagada o consumida. La evolución de estas figuras en la cera nos puede dar bastante información. Asimismo, podemos tomar fotos desde varios puntos de vista durante el proceso de encendido para recordar bien nuestra vela.

COLORES

Tanto para las velas como para muchos otros elementos dentro de nuestra práctica, el uso de los colores correctos puede ayudarnos a obtener el objetivo que queremos.

NEGRO

Protección, destierro, absorbe negatividad.

BLANCO

Paz, pureza, espiritualidad, «yo superior».

MORADO

Sabiduría, habilidades psíquicas, conocimiento oculto.

AZUL

Comunicación, inspiración, creatividad, calma, sanación.

VERDE

Abundancia, naturaleza, sanación, fertilidad.

AMARILLO
Alegría, aprendizaje, memoria, esperanza.
NARANJA
Éxito, ambición, justicia, nuevas oportunidades.
ROJO
Fuerza, pasión, coraje, carisma, energía vital.
ROSA
Amor, sanación emocional, amistad.
MARRÓN
Estabilidad, familia, protección del hogar.

·– ADIVINACIÓN CON ACEITE –·

La oleomancia es una forma de adivinación tradicional que se lleva usando desde hace milenios. Hoy en día, aún hay brujas que siguen practicando este pequeño ritual, sobre todo aquellas que están en contacto con las tradiciones y el folclore de los países cercanos al mar Mediterráneo.

PARA HACER UNA LECTURA NECESITAMOS UN BOL (A PODER SER TRANSPARENTE) LLENO DE AGUA, ACEITE DE OLIVA Y SAL.

ADIVINACIÓN CON ACEITE

Intencionamos el aceite para que nos haga una previsión general del futuro o responda a una pregunta en concreto. Poco a poco ponemos un chorrito de aceite en el agua, fijándonos muy bien en las formas que toma y en cómo se mueve.

1 Si el aceite forma una sola gota, el resultado es positivo (o la respuesta es afirmativa).

2 Si el aceite forma una luna creciente/menguante, una estrella o se dispone como una constelación, significa gran fortuna en todos los ámbitos de la vida. Se acerca un momento de verdadera satisfacción con los proyectos empezados, un enorme aprendizaje, grandes amistades y felicidad.

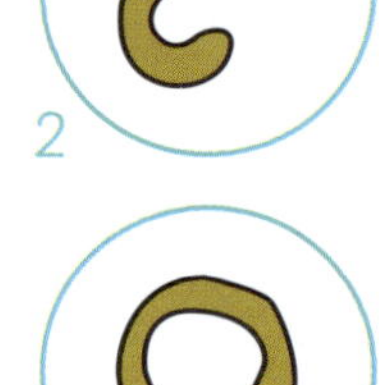

3 Cuando el aceite forma un anillo y este no se rompe, esto quiere decir que, en temas referentes a los estudios o al trabajo, habrá éxito. Si alguien cercano a ti está enfermo, esta persona sanará.

Siempre que el resultado de esta primera lectura haya sido negativo, podemos intentar ver más allá. Añadimos sal y esperamos unos momentos.

Poned dos pizcas de sal si la lectura es sobre asuntos del corazón, tres si es referente a estudios o trabajo, y cuatro si se refiere a la familia, el hogar o la fertilidad (si no, añadid una pizca).

Si la sal no afecta casi a la forma original negativa, es muy probable que ese sea el resultado definitivo. Pero, si con la caída de la sal se modifica la forma en una de las positivas, el problema tiene solución o incluso puede ser prevenido. Asimismo, cuando la sal cambia el color del aceite a uno más blanquecino refleja un signo de mal augurio.

4 Si el aceite forma un anillo, pero se rompe pasados unos segundos, es que habrá un cambio brusco en la carrera profesional, e incluso la pérdida de una amistad importante o pareja.

5 En el caso de que de una gota de aceite empiecen a surgir otras más pequeñas, se producirá embarazo o sanación para aquel que esté enfermo.

6 Si el aceite se divide en dos secciones es mal augurio (o una respuesta negativa). Será muy posible que se avecine una discusión entre personas cercanas (o contigo mismo).

7 Cuando el aceite se reparte por la superficie del agua, formando una capa fina y uniforme, indica un mal porvenir. Es un signo para que renueves todos tus hechizos de protección y te prepares para lo que vendrá.

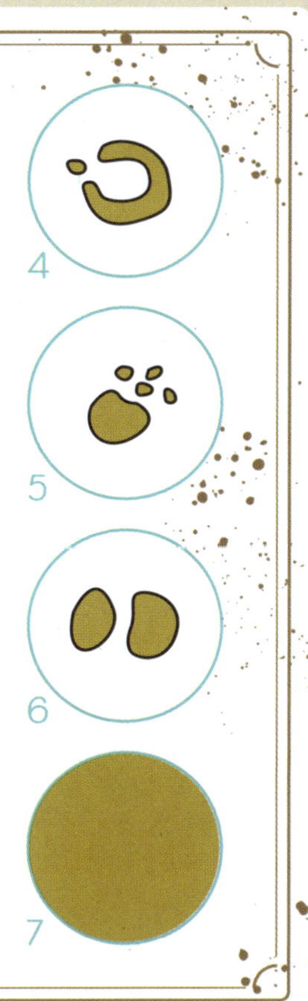

·– LECTURA DE MANOS –·

La quiromancia es una pseudociencia que se dedica a adivinar o predecir el futuro de una persona, basándose en sus características físicas. Aunque no sea una práctica «comprobada por la ciencia» (como tantas otras prácticas mágicas y ocultas), una lectura de palmas hecha por una persona experta… ¡te hace creer!

Se han encontrado murales y reliquias de la India antigua que constatan que la lectura de manos era una práctica popular, empleada para predecir el destino y el futuro de una persona. También hay regis-

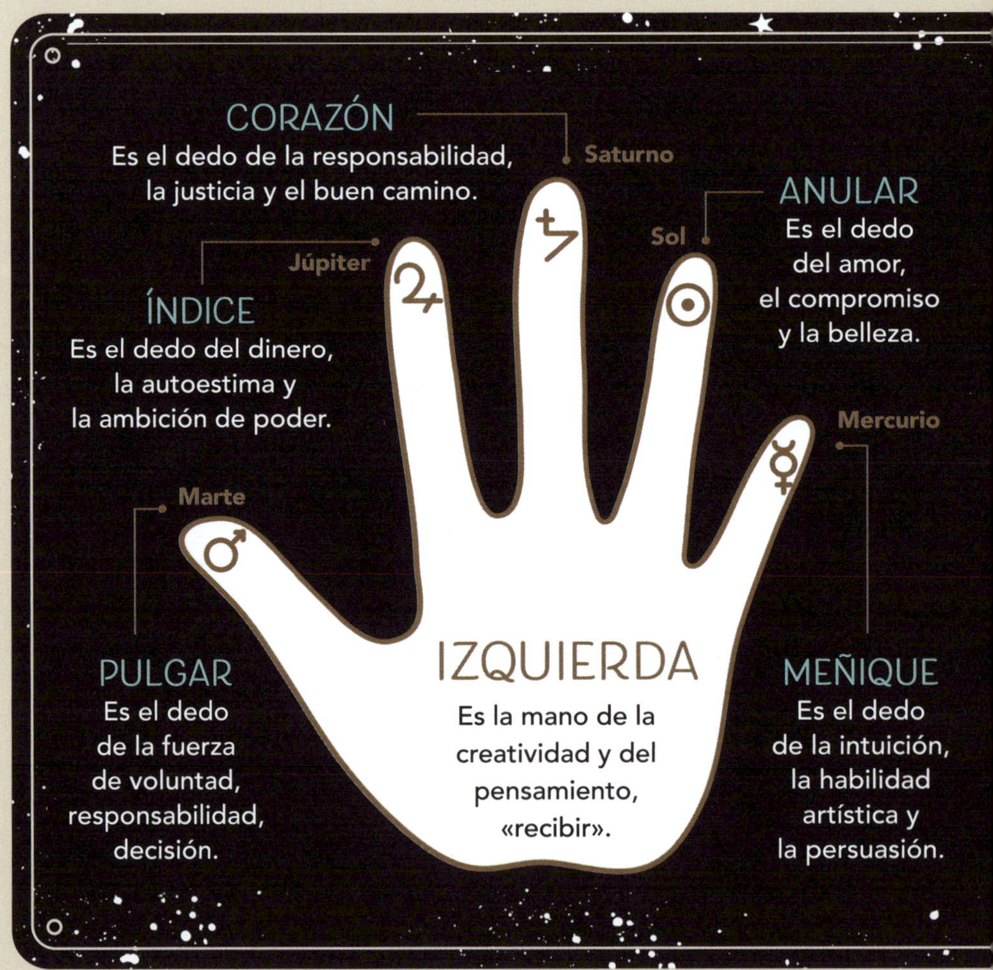

tros de esta práctica en otras zonas como Nepal, China, Persia, Palestina y Babilonia. Se observó que las personas con personalidades y estilos de vida parecidos tenían signos similares en sus manos, pies... Basándose en estas observaciones, la quiromancia fue evolucionando y desarrollándose para predecir el futuro.

Es una práctica muy muy compleja, que puede llevar años dominar. Aun así, unas cuantas nociones básicas nunca vienen mal, dado que es un método de adivinación que no necesita de más materiales que un par de manos.

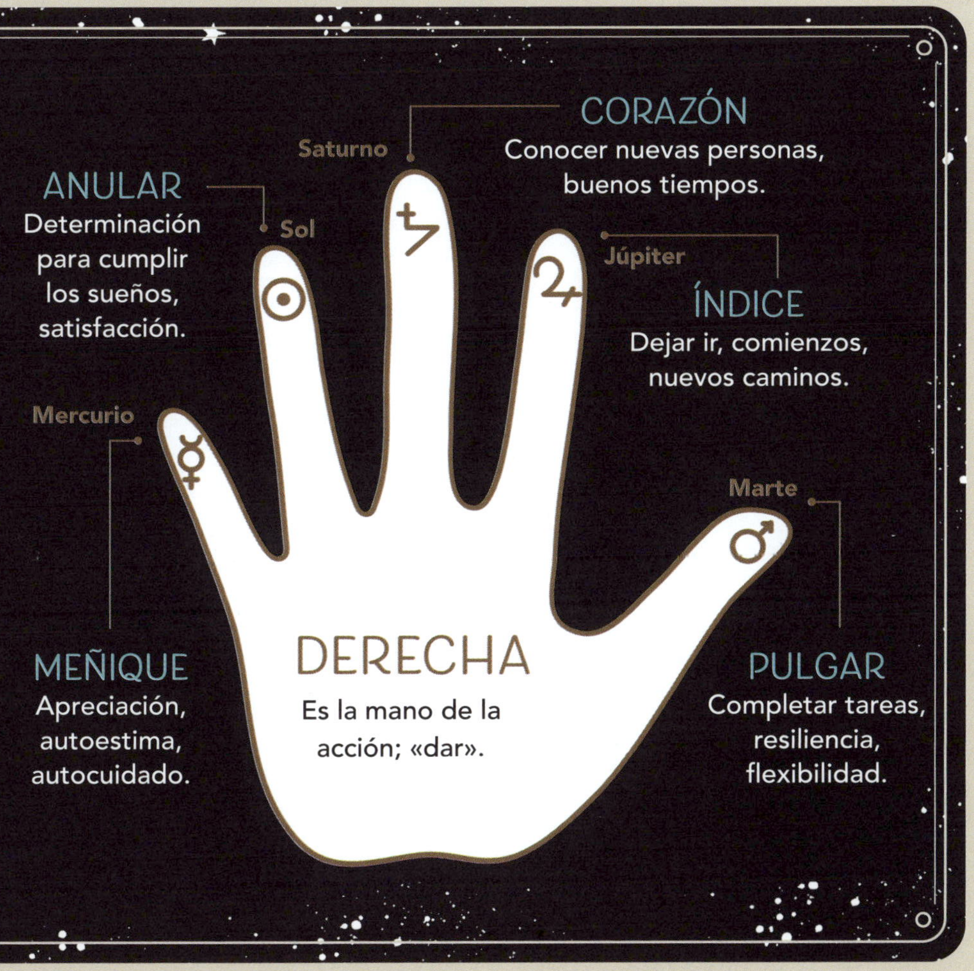

LOS CUATRO TIPOS DE MANO

Para empezar una lectura de palmas podemos hacer una primera aproximación fijándonos bien en la forma general de la mano.

LA MANO DE TIERRA

- Cuenta con una palma cuadrada, ancha, gruesa y relativamente dura al tacto. Los dedos tienen una apariencia corta y no superan en largo a la longitud vertical de la palma.
- Son personas prácticas, con los pies en la tierra, energéticas y responsables. Tienen mucha fuerza y energía a la hora de ejecutar órdenes y dar instrucciones. Suelen conformarse con poco; no tienen grandes ambiciones y un estilo de vida simple y suficiente les parece cómodo. Suelen tener gustos románticos y aprecian los pequeños detalles.

LA MANO DE AIRE

- Cuenta con una palma cuadrada o rectangular, seca al tacto. Los dedos son largos, usualmente con nudillos prominentes.
- Son personas inteligentes y analíticas. Se adaptan bien al cambio y tienen una enorme imaginación. Sienten deseo por descubrir cosas nuevas y explorar en diferentes ámbitos de la vida. Suelen disfrutar con las pequeñas cosas del día a día de un modo romántico, y en ciertos momentos desearían vivir en un cuento de hadas.

LA MANO DE AGUA

- Cuenta con una palma alargada u ovalada, suave y blanda al tacto. Los dedos son largos, cónicos y flexibles. La apariencia general de esta mano es muy estrecha y fina.
- Son personas intuitivas, creativas, perspicaces e introvertidas. Estas personas serán muy emocionales y, por lo tanto, suelen ser más propensas a tener el corazón roto y a sentirse heridas. Pueden adaptarse fácilmente al cambio, aunque este a veces provoque alguna herida emocional. Sienten pasión por el arte y la belleza.

LA MANO DE FUEGO

- Cuenta con una palma rectangular o cuadrada, y sus dedos son cortos (a veces incluso más cortos que la palma).
- Son personas inteligentes, diligentes, extrovertidas y con una gran autoestima. Su fuerte energía a veces lleva consigo cierta falta de compasión, de la que no siempre son conscientes. Aman la aventura, los viajes y tener una vida variada y llena de experiencias distintas.

LAS LÍNEAS DE LA MANO

Se dice que, para leer las líneas, en las mujeres nos debemos fijar en la mano derecha y en los hombres en la mano izquierda. Esta creencia está vinculada con la asociación del lado izquierdo con la paternidad y lo masculino, y el lado derecho con la maternidad y lo femenino. Personalmente ignoro estas tradiciones, dado que ambas manos suelen tener líneas muy parecidas. Leo la mano dominante (es decir, con la que se escribe) como aquella más cambiante, la que representa el presente y el futuro; y la no dominante como el pasado, las características con las que nació esa persona, situaciones de su pasado...

Antes de adentrarnos en la interpretación de cada una de las líneas, nos debemos fijar en la palma en general.

UNA PALMA DE COLOR BRILLANTE Y DE LÍNEAS CLARAS Y DEFINIDAS REPRESENTA BUENA SUERTE.

LA LÍNEA DE LA VIDA

Esta es la línea que se extiende alrededor del pulgar, generalmente en forma de arco. La longitud de esta línea no determina cuánto va a vivir una persona tanto como su salud y vitalidad física.

1 Si forma un arco grande y es una línea definida, la persona es energética y tiene una gran vitalidad. Las personas con una línea larga suelen tener facilidad para el deporte. Posiblemente cambien de residencia.

2 Cuando forma un arco pequeño y cercano al pulgar, la persona siente fatiga o se cansa con facilidad.

3 Si el inicio de la línea parece estar roto en la zona cercana a la base del pulgar, es posible que la persona tuviera problemas de salud durante la infancia.

4 Si presenta más de una línea de la vida, la persona tiene una enorme vitalidad y mucha energía para diversos proyectos.

5 Cuando la línea se ramifica hacia el final, esto indica posibles problemas de salud al envejecer a los que habrá que prestar atención.

6 Si la línea presenta un círculo, o está rota en algún punto, indica malestar físico en el futuro que puede necesitar de intervención médica.

7 En el caso de que la línea sea recta, atravesando la palma en paralelo a la línea de la cabeza, refleja una gran valentía.

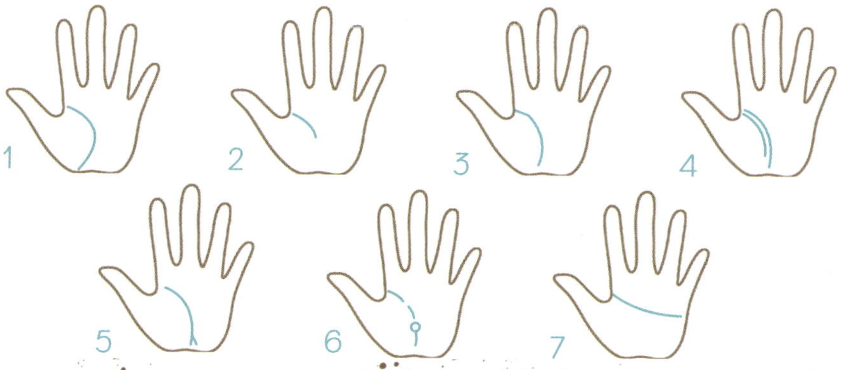

LA LÍNEA DEL CORAZÓN

La línea del corazón (del amor o del cielo) es la que se extiende por la mano por debajo de los dedos. Refleja los llamados «asuntos del corazón»: sentimientos, emociones, reacciones… Cuanto más larga sea esta línea, mejor es el significado. Una línea de corazón larga indica alguien con mucha capacidad para amar; una persona comprensiva, dulce y romántica. Si la línea es corta y recta, la persona no tiene demasiado interés en el romance.

1 Si la línea empieza desde el dedo índice, predice una buena experiencia amorosa. Es una persona atractiva, no solo a nivel físico sino también mental.

2 Cuando empieza desde el dedo corazón, la persona piensa más en sí misma que en aquel a quien ama.

3 Si empieza entre el dedo corazón y el anular, esto se refiere a una persona con facilidad para enamorarse.

4 En el caso de que haya uno o varios círculos en la línea, una discontinuidad o pequeñas líneas finas que la atraviesan, la persona no está del todo satisfecha con su pareja.

5 Si la línea tiene una curva ascendente y una caída, la persona se enamorará varias veces, y los romances serán poco duraderos.

LA LÍNEA DEL DINERO

Esta línea, también llamada línea del destino, es la que va desde la muñeca hasta el dedo corazón. Refleja la fortuna y la carrera laboral de una persona.

1 Si la línea del dinero empieza desde el mismo punto que la línea de la vida (tocándose o estando muy cerca en la zona de la muñeca), esto indica que la persona es ambiciosa y tiene una gran confianza en sí misma.

2 Cuando la línea es recta y nítida, significa buena suerte en el trabajo y una buena fortuna. La persona no tendrá que hacer grandes esfuerzos para vivir una buena vida, dado que ya es estable.

3 Si hay dos líneas del dinero, la persona podría llegar a tener dos trabajos paralelos, o un pequeño negocio además de su trabajo principal. Es importante que la persona intente tener sus objetivos y prioridades claros.

4 En el caso de que la línea se divida en dos o varias secciones, esto refleja cambios de trabajo o un nuevo inicio en la carrera profesional (por ejemplo, especializarse en algo nuevo y luego trabajar de ello). Será importante que esta persona intente mantener el orden en su vida.

5 Si la línea es corta, la persona dejará de trabajar antes de la edad de jubilación. Puede ser porque se lo puede permitir o porque tiene dificultades al encontrar trabajo; es un aspecto que se debe valorar en conjunto con las otras descripciones de la línea del dinero.

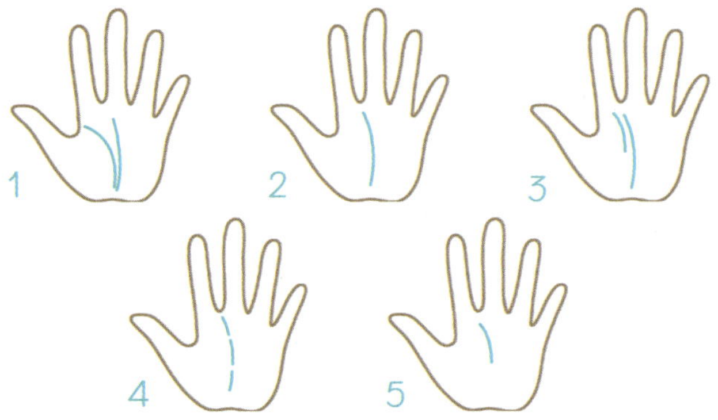

1 2 3

4 5

LA LÍNEA DE LA CABEZA

Representa la inteligencia y las características mentales de una persona. Generalmente empieza entre el dedo índice y el pulgar, tocándose con la línea de la vida, y se extiende hacia el lado contrario de la palma.

1. Si la línea es nítida, fina y larga, esto indica mucha capacidad de concentración e inteligencia. Con el debido esfuerzo, la persona será capaz de conseguir cualquiera de sus objetivos.
2. Cuando forma un arco, la persona tiene una gran creatividad.
3. En el caso de que la línea sea corta, representa a una persona que es más capaz de conseguir logros físicos que intelectuales.
4. Si hay discontinuidades, un círculo u ondas, la persona puede presentar problemas de memoria (sobre todo dificultades para recordar eventos del pasado), irritabilidad y poca capacidad de concentración.

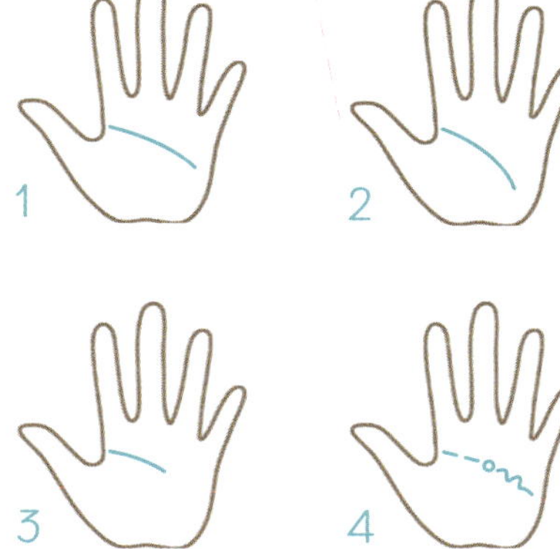

LA LÍNEA DEL MATRIMONIO

Esta línea se encuentra entre la línea del corazón y la base del meñique, y representa las relaciones románticas y la situación matrimonial de la persona. A veces hay una única línea, mientras que otras veces hay varias líneas en esta posición. Leed la que sea más nítida y clara.

1 Si hay dos líneas de igual apariencia, la persona se encontrará dentro de un triángulo amoroso, o se separará temporalmente de su pareja.

2 Si hay varias líneas borrosas y ninguna principal, indica una vida amorosa desagradable.

3 Si la línea gira un poco hacia arriba o es corta, la persona no se casará o se casará tarde.

4 Si la línea llega hasta la unión de meñique y anular, indica una persona muy exigente con sus parejas.

5 Si la línea llega hasta el anular, la persona se casará con alguien agradable, de gran fortuna y riqueza.

6 Cuando la línea va más allá del dedo corazón, esto indica una afectación a la reputación o a la fortuna, derivada del matrimonio.

7 Si hay un círculo indica una posible separación temporal (tal vez por trabajo, desacuerdos...).

8 Y, si la línea se divide en dos, la persona debería cuidar más el estado de la relación dado que esta podría llegar a un final.

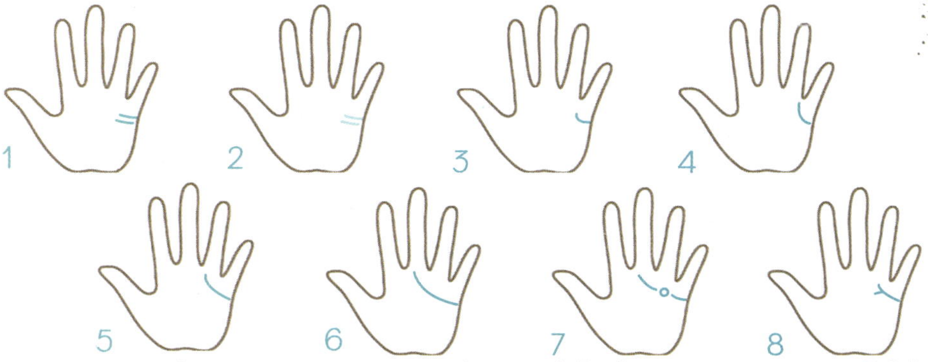

1 2 3 4

5 6 7 8

LA LÍNEA DE LA SALUD

Comienza en el dedo meñique y va por el costado de la palma en dirección a la línea de la vida.

1 Si está cortada o rota, esto puede indicar problemas digestivos.

2 Cuando parece una cadena, es decir, que está formada por muchos círculos pequeños, refleja posibles problemas respiratorios.

3 Si solamente hay un círculo, al principio de la línea (en la parte superior de la palma), la persona tiene problemas de garganta.

4 En cambio, si el círculo está en la parte inferior de la línea, puede indicar problemas renales o reproductores.

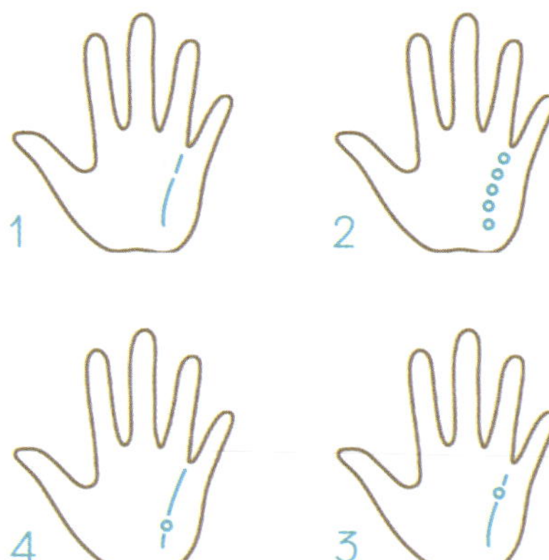

LÍNEAS POCO COMUNES

Línea del conflicto

Se encuentra en la base del dedo índice. Puede ser única, doble o múltiple. Cuantas más líneas haya, mayor número de conflictos (o un conflicto de mayor magnitud) habrá en la vida de esa persona.

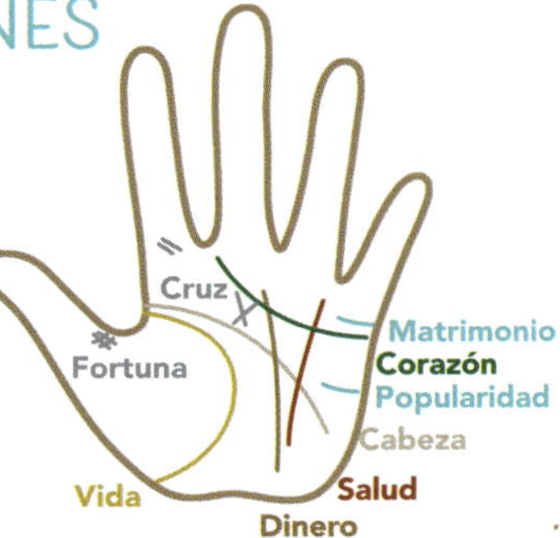

Cruz

Si, entre la línea del corazón y la línea de la cabeza, encuentras una o varias cruces (o «X»), simboliza que la persona es muy reflexiva y se interesa por temas ocultos, cuestiones metafísicas, filosóficas... En ciertas tradiciones de lectura de palmas estas «X» indican también un don o facilidad para la brujería.

Línea de popularidad

A la altura del meñique, hacia la mitad de la palma, se encuentra esta pequeña línea. Su presencia denota popularidad y buena reputación.

Línea de la fortuna

Esta línea o conjunto de líneas se encuentra en la base del pulgar, y su presencia hace referencia a una carrera exitosa, bienestar material y fortuna. Cuantas más numerosas y mas definidas sean, mayor será la fortuna.

La palma cortada

Esta línea tiene lugar cuando la línea de la cabeza y la línea del corazón están tan juntas que parecen formar una única línea, atravesando la palma de lado a lado. Existe la creencia de que, en las mujeres, el corte de palma es un mal augurio, mientras que en los hombres indica muy buena fortuna. Aparte de esta creencia, representa una gran subjetividad, un temperamento muy fuerte y una gran persistencia. Son personas que no separan la sensibilidad de la razón, pero aun así son flexibles. Les atrae el romanticismo.

EL ESPACIO MÁGICO

Tener un espacio dedicado a la brujería y un altar no es algo obligatorio para hacer hechizos, pero es un buen sitio para reunir materiales, concentrar tu energía cuando necesites meditar... ¡Y puede ser el lugar perfecto para escribir en tu libro de sombras!

Es posible convertir casi cualquier superficie plana en un altar: tu mesita de noche, la superficie de una cajonera, la tapa de un baúl, una estantería... Hay brujas que convierten mesitas con ruedas en su altar, para poder moverlo por la casa u orientarlo hacia un punto concreto si el hechizo lo requiere. Otras prefieren no tener un altar permanente, pero montan uno provisional cuando realizan hechizos. También hay brujas que hacen un altar en su jardín, cerca de un árbol o unas flores bonitas, con rocas y madera. Además, muchas de nosotras tenemos un altar portátil en una cajita, con algunos elementos esenciales por si nos vamos de viaje.

EL «ALTAR EN CAJA» ES UNA BUENA OPCIÓN SI NO DISPONES DE DEMASIADO ESPACIO PARA HACERLO.

El altar es algo tremendamente personal. Hay tradiciones que dicen que debes representar los cinco elementos, otras que tienes que dedicarlo a tus antepasados, otras afirman que el altar ha de estar orientado al norte (porque es la dirección relacionada con la «toma de tierra») o al este (porque es por donde sale el sol). Haced lo que os parezca más práctico y lo que os haga sentir cómodas. Lo que sí recomiendo es que la superficie donde pongáis vuestro altar no sea metálica, y, si tiene que serlo porque no disponéis de un mueble distinto, intentad cubrirlo con un mantel o una tela bonita.

¿CÓMO ES MI ALTAR?

En mi altar yo he colocado mis grimorios y libros mágicos, además de libros históricos relacionados con mis antepasados. Tengo un mortero de cobre muy muy antiguo, un marco de fotos centenario y un rosario para representar a mis antepasados, dado que estos objetos eran suyos. También he dispuesto en él una estación de carga de minerales, mis varitas, botes de perfume encantados, velas y una caja con materiales y barajas que no uso. Las barajas que sí uso están situadas encima del altar, con minerales cerca. A veces tengo cartas de tarot expuestas en mi altar; son las cartas cuya energía quiero atraer. Además, hay varios péndulos, una mano guía de quiromancia, un bote encantado para atraer riquezas y un espécimen de culebra escalera conservado.

ALTAR EN UNA CAJA

Simplificar nuestro altar para que quepa en una cajita puede parecer complicado, pero no lo es si escogemos aquello que sea más práctico. Igual que con los kits de costura de emergencia, un altar portátil suele ser «por si acaso». Entonces escogeremos aquellas herramientas que tengan más utilidades.

¿QUÉ LLEVO EN MI ALTAR PORTÁTIL?

- 1 vela de té blanca.
- 1 vela de té negra.
- 1 varilla de incienso de ruda.
- 1 botecito de romero.
- 1 botecito de rosas.
- 1 botecito de sal blanca.
- 1 cuarzo blanco.
- 1 turmalina.
- 1 pieza de selenita.
- 1 péndulo de amatista.
- 1 minibaraja de cartas.
- 1 botecito vacío.
- Hilo blanco.
- Cerillas.

Podéis decorar vuestra cajita como queráis, incluir los minerales con los que os sintáis conectadas, conchas marinas, flores o incluso un pequeño grimorio con los tres hechizos más útiles para vosotras.

GRIMORIO Y LIBRO DE SOMBRAS

Estos libros brujiles son dos de los más usados dentro de muchas prácticas mágicas. El Grimorio incluye la información y el estudio mágico de una bruja, correspondencias, rituales y demás. Hay brujas, como es mi caso, que tenemos varios: uno para nuestro estudio sobre el tarot, otro reservado para magia verde (con plantas), otro de brujería de cocina..., y hay otras que tienen todo en el mismo cuaderno. ¡Ambas opciones son igual de válidas!

El Libro de sombras es una especie de grimorio combinado con un diario mágico, y es mucho más personal. Incluye información, rituales y demás (como un grimorio), pero también cuenta con apartados donde apuntar la propia experiencia, por ejemplo, al hacer un hechizo. Es muy útil tener un espacio reservado para redactar las sensaciones, las experiencias y los resultados de nuestra práctica. Así podemos aprender de posibles errores, hacer un seguimiento de nuestra evolución y corregir aspectos que no funcionen.

HAY BRUJAS QUE TIENEN LIBRO DE SOMBRAS Y GRIMORIO, Y OTRAS QUE SOLO TIENEN EL PRIMERO. DEPENDE DE LAS PREFERENCIAS DE CADA PERSONA.

¿CÓMO HAGO MI LIBRO MÁGICO?

Igual que con el resto de los apartados de la práctica mágica, el «cómo hacemos un libro» es una preferencia personal. Mi libro de sombras principal es un cuaderno de aspecto retro grande, con los bordes de las páginas en dorado y las tapas con efecto piel. Algunos de mis grimorios también tienen un aspecto misterioso y mágico, y otros son cuadernos de papelería.

LO PRIMERO QUE HAY QUE HACER ES ESCOGER DÓNDE VAIS A ESCRIBIR. BUSCAD UNA LIBRETA QUE OS LLAME LA ATENCIÓN O UN CUADERNO QUE PODÁIS DECORAR; TAMBIÉN ES POSIBLE HACER UN CUADERNO DE MANERA ARTESANAL.

A mí me gusta decorar las portadas de mis libros e incluir protecciones. Purificad todo bien, pegad ramas, flores secas, conchas de mar o minerales; dibujad símbolos protectores y potenciadores de vuestro poder. Podéis darle una intención a los materiales para proteger la información que albergaréis entre las páginas. Una vez que hayáis decorado vuestro libro, os recomiendo cargarlo con la luz de las cuatro lunas; nueva, creciente, llena y menguante, o cargarlo poniéndolo dentro de un círculo de elementos (explicado en el siguiente capítulo).

Cuando llegue el momento de escribir, elegid si queréis hacerlo de alguna manera en concreto. Se puede inventar un alfabeto secreto, para que nadie descifre aquello que habéis escrito, o usar tinta invisible, para poder leerlo con una luz ultravioleta. ¡Hay infinidad de posibilidades!

Asimismo, podéis hacer apartados separados para distintos temas o escribir todo seguido conforme vayáis aprendiendo. Entre esos apartados os recomiendo incluir protecciones, información sobre los elementos, recetas, un diario de sueños y correspondencias energéticas de colores, plantas y minerales.

CAPÍTULO 5

CÓMO HACER UN HECHIZO

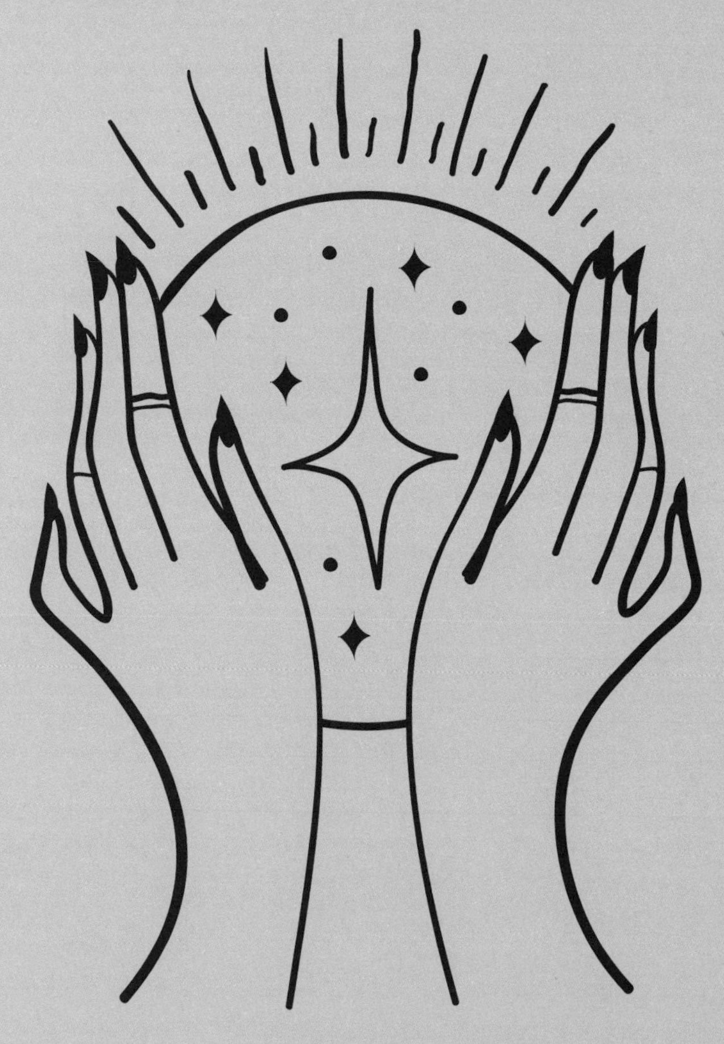

PREPARACIÓN

Pese a que existen muchos tipos de hechizos y rituales, diferentes por su complejidad y duración, en la mayoría de ellos tenemos que seguir unos pasos para asegurarnos de que salgan bien.

PRIMERO, ES NECESARIO PREPARAR EL HECHIZO.

No me refiero únicamente a recopilar los materiales que vayamos a usar, sino también a planificar el momento en el que lo haremos y a familiarizarnos con lo que vamos a hacer.

DÍAS DE LA SEMANA

Los días de la semana también guardan su propia simbología y significado. Nuestro modelo de la semana actual proviene de un sistema de 7 días (que sustituyó a la «semana del mercado» de 8 días). Este sistema novedoso, implantado entre los siglos I y III, dedicaba el nombre de cada día de la semana a una deidad diferente (deidades determinadas por criterios de la astrología helenística). Los días, por orden, estaban dedicados al Sol, a la Luna, a Ares, a Hermes, a Zeus, a Afrodita y a Cronos (los nombres de nuestros días en la actualidad provienen de sus términos latinos).

EL LUNES

- El lunes es el día dedicado a la Luna (tanto el satélite como la diosa romana) y a todas las deidades relacionadas con esta. Muchas de esas deidades comparten ciertas características: una fuerte energía femenina, misterio, intuición, poder… Los colores correspondientes a este día son los tonos plateados, blancos (e incluso azules pálidos). Las perlas, la plata, la piedra luna y la selenita, entre otras, también están relacionadas con el lunes. Las plantas correspondientes a este día son la menta, la salvia, la consolda y la manzanilla.
- Debido a su vínculo con la Luna, el lunes es el día perfecto para realizar nuestros trabajos mágicos focalizados en aquellos temas relacionados con la familia, la sanación, la fertilidad, la sabiduría y la intuición.

EL MARTES

- El martes se dedica a Marte (astro y dios) y está relacionado con muchos otros dioses marciales (Tyr, Ares, Morrigan…). Dentro de sus correspondencias encontramos los colores rojos y naranjas brillantes, y metales como el hierro y el acero, además de minerales como el rubí. Las plantas correspondientes son el cardo, el acebo, la equinácea y los cactus.

ADEMÁS DE USAR LOS MARTES PARA RITUALES DE DEFENSA Y PROTECCIÓN, PUEDES APROVECHAR PARA RECLAMAR AQUELLO QUE TE PERTENECE Y MANIFESTAR PODER Y FUERZA.

- El refrán que dice «En martes, ni te cases ni te embarques» viene de la relación con el dios Marte. Al ser el dios de la guerra, se consideraba un mal día para comenzar algo importante. Aunque, dependiendo de la cultura, el mal día es el viernes, y a veces el martes se relaciona con el matrimonio.

EL MIÉRCOLES

- El miércoles está vinculado con Mercurio (planeta y dios) y relacionado también con otras deidades, como Odín, Woden, Lugh, Atenea… Este día se asocia con el color morado y con el mercurio, además de ciertos minerales como el ágata y la aventurina. Las plantas correspondientes al miércoles son el álamo, el lirio y la lavanda.
- Este es el día indicado para hacer rituales y hechizos de aquello relacionado con la carrera profesional, el trabajo y la economía. El miércoles es un día perfecto para resolver problemas de comunicación e iniciar viajes.

EL JUEVES

- El jueves es el día dedicado a Júpiter (planeta y dios) y se relaciona con deidades similares (como Thor y Zeus). Los colores correspondientes a este día son los azules y verdes reales, y el metal que se asocia al jueves es el estaño. Los minerales de este día son la amatista, la turquesa y el lapislázuli, y entre las plantas encontramos la madreselva, la potentilla y el roble.
- Es el día de la cosecha, la lealtad y la familia, así como de la prosperidad y el éxito. Usa la energía del jueves para hacer rituales relacionados con estos temas, y atrae hacia ti la abundancia y la prosperidad.

EL VIERNES

- El viernes es el día de Venus (tanto la diosa como el planeta) y se relaciona con deidades similares. Los corales, el cobre, las esmeraldas y los cuarzos rosas, así como las fresas y las manzanas, son elementos relacionados con este día. Los colores del viernes incluyen el rosa y los tonos azul turquesa.
- El viernes es el día indicado para hacer trabajos mágicos relacionados con la fertilidad, la familia, la belleza, la amistad y la armonía.

EL SÁBADO

- El sábado está dedicado a Saturno (tanto al dios como al astro) y está también relacionado a deidades de características similares. La obsidiana y la hematita son minerales vinculados a este día. Las plantas correspondientes al sábado son el tomillo, el verbasco y el ciprés. Los colores del sábado son el negro y el morado oscuro. El metal que se relaciona con él es el plomo.
- Es adecuado para hacer destierros, protecciones y limpiezas con las que deshacernos de energías negativas. También para focalizarnos en nuestra parte más creativa.

EL DOMINGO

El domingo es el día del Sol (tanto la deidad como el astro) y está relacionado con muchas otras deidades solares. Los colores asociados al domingo son los tonos dorados y el amarillo. Los cuarzos, la cornalina, el ámbar, la canela y los girasoles son algunos de los elementos correspondientes a este día. En el ámbito de los trabajos mágicos, la energía del domingo es bastante polifacética y tiene varias asociaciones dependiendo de la cultura y la tradición de cada zona.

PUEDE SER PERFECTA PARA TRABAJOS DE BELLEZA, CREATIVIDAD, VICTORIA Y ESPERANZA.

MOMENTOS DEL DÍA

AMANECER

Los hechizos, rituales y celebraciones que se inician al alba simbolizan un nuevo inicio y renuevan la esperanza. Cuando se realiza un hechizo durante estas horas del día, mientras el viento sopla del este acompañando al Sol en su salida, su efecto se potencia.

DURANTE EL DÍA

Estas horas del día son las mejores para asuntos que involucren la parte más racional y consciente de nuestra mente. Se incluyen aquí rituales de liderazgo, inteligencia, memoria... Hacerlos a la plena luz del día invita a ver mejor aquellas sombras que deberíamos desterrar para poder seguir avanzando.

ESTOS HECHIZOS SE PUEDEN VER POTENCIADOS CON EL VIENTO DEL SUR.

ATARDECER

«Clausura» y «final» son los nombres que acompañan a este momento del día. No solo se termina la jornada, sino que también simboliza el fin de muchas otras cosas. Esta energía nos puede acompañar en rituales diseñados para finalizar una etapa, hechizos que signifiquen una transición personal o incluso ceremonias dedicadas a aquellos que han fallecido. El viento del norte, que es frío, ayuda a calmar ciertos asuntos y finalizarlos, siendo el perfecto acompañante para este momento del día.

NOCHE

Es el momento perfecto para hacer magia relacionada con la intuición, los sentimientos, la sanación, la fertilidad y la Luna. Con la puesta de sol, el misterio deja de ocultarse. Podemos encantar una infusión relajante para tener sueños reveladores. El viento del oeste es el mejor compañero para potenciar este momento.

MEDIANOCHE (Y MEDIODÍA)

Son los momentos que marcan las mitades en las que se divide nuestro día. Sobre todo en la medianoche, los seres energéticos y las criaturas elementales entran en su periodo de mayor actividad. Es un momento apropiado para rituales y hechizos de cambios y transformación. Al ser un pequeño periodo de gran actividad energética, se puede aprovechar para realizar la parte más importante de nuestro ritual de noche.

LUNAS DEL AÑO

Las diferentes lunas del año tienen su nombre propio. Cada una está asociada con un evento o es representativa de algo que ocurre durante su mes (por ejemplo, la cosecha) y tiene, además, un significado mágico.

LAS 12 LUNAS LLENAS DEL AÑO POSEEN UNAS PROPIEDADES MÁGICAS DIFERENTES.

LUNA AZUL

La Luna completa 12 ciclos en 354 días (11 días menos que un año de nuestro calendario). Dado que nuestro calendario no está completamente coordinado con los ciclos lunares de 28 días, cada dos años y medio, aproximadamente, encontramos una treceava luna llena. La luna llena extra de un mes recibe el nombre de Luna Azul.

ENERO
LUNA DEL LOBO

Recibe este nombre en relación con los aullidos de los lobos por la falta de comida. Dependiendo de la zona, también puede recibir el nombre de Luna de Hielo o Luna Vieja. Es adecuada para:

- Encontrar el poder interior.
- Evaluar tu camino.
- Profundizar en tu práctica.
- Hechizos de protección.

FEBRERO
LUNA DE NIEVE

Recibe este nombre por tener lugar durante la época de fuertes nevadas. También puede recibir el nombre de Luna de Tormenta o Luna de Hambruna. Es adecuada para:

- Confrontar verdades.
- Trabajo de sombras.
- Limpieza y purificación.

MARZO
LUNA DEL GUSANO

Después de las heladas, una vez que el terreno se descongela, aparecen en el suelo «senderos» de forma serpenteante (como de gusanos), y de aquí proviene su nombre, dado que marzo es época de deshielo. También es llamada Luna Casta, Luna de Corteza y Luna de Savia (estas dos últimas por el cultivo de árboles de arce). Es adecuada para:

- Limpieza.
- Nuevo crecimiento.
- Balance de luz y oscuridad (por ser una época entre la estación oscura y la estación luminosa).
- Magia de agua.

ABRIL
LUNA ROSA

Su nombre proviene de las primeras floraciones de especies silvestres. En ciertas culturas recibe el nombre de Luna de los Brotes o Luna del Pescado. Es adecuada para:

- Magia con plantas.
- Descubrimientos.
- Crecimiento.
- Flujo y cambio.

MAYO
LUNA DE FLORES

Recibe su nombre por la enorme cantidad de especies que florecen durante este mes. También es conocida como Luna de la Liebre, Luna de Leche o Luna de la Plantación de Maíz. En ciertas culturas y sistemas de creencias se afirma que los seres feéricos (hadas, duendes y demás) tienen una gran actividad durante esta luna llena. Es adecuada para:

- Cosecha.
- Baile.
- Celebración de la vida.
- Fertilidad.
- Amor y cuidados propios.

JUNIO
LUNA DE FRESA

Durante el principio del verano hay un gran cultivo de fresas, y de aquí recibe su nombre la luna llena de junio. En ciertas zonas, esta es la que recibe el nombre de Luna Rosa, aunque también encontramos nombres como Luna Cálida. Es adecuada para:

- Magia de la naturaleza.
- Cosecha.
- Sensualidad.
- Cuidado propio.

JULIO
LUNA DEL CIERVO

Los ciervos macho pierden su cornamenta durante el invierno y en julio la empiezan a recuperar, de aquí su nombre. También se la conoce como la Luna del Trueno (por las tormentas) o la Luna del Heno (por la cosecha de esta hierba). Es adecuada para:

- Magia solar.
- Meditación.
- Balance interior.

AGOSTO
LUNA DEL ESTURIÓN

Recibe su nombre por el gran número de esturiones que aparecen en ciertas zonas durante este mes. También se conoce como Luna del Maíz Verde, Luna del Grano o Luna Roja (por el color rojo que toma en ciertas noches de verano). Es adecuada para:

- Libertad.
- Magia de tormentas.
- Cosechar.
- Placer.

SEPTIEMBRE
LUNA DE LA COSECHA

Recibe este nombre la luna llena más cercana al equinoccio de otoño. Durante este momento del año, la Luna suele ser más brillante y sale antes, permitiendo seguir trabajando en el campo después de la puesta de sol. También es llamada Luna de Cebada o Luna del Maíz. Es adecuada para:

- Celebrar la cosecha.
- Abundancia.
- Transformación.
- Compartir.

OCTUBRE
LUNA DEL CAZADOR

La Luna del Cazador (o Luna de Caza) recibe su nombre por la época de caza que tiene lugar en este mes. Los cazadores salían a buscar ciervos y demás animales que habían engordado durante el verano. Esta Luna, bastante brillante, permitía a los cazadores poder realizar su trabajo por la noche. Otros nombres son Luna del Viaje o Luna de la Hierba Muerta. Es adecuada para:

- Fuerza y resistencia.
- Protección.
- Guía espiritual.
- Cambios.

NOVIEMBRE
LUNA DEL CASTOR

Se dice que su nombre proviene de ciertas comunidades que se dedicaban a poner trampas para castores durante este mes, o de la gran actividad de los castores que construían sus presas para el invierno. Otro nombre que recibe es Luna de la Escarcha. Es adecuada para:

- Recuerdos.
- Adivinación.
- Visualización.
- Autoconocimiento.

DICIEMBRE
LUNA DEL ROBLE

La Luna del Roble (o Luna de Bellota) debe su nombre a que se encuentra en la época en la que el roble da sus frutos. También se llama Luna Fría o Luna de la Larga Noche. Es adecuada para:

- Coronamiento, fin.
- Renacer.
- Establecer nuevas metas.
- Renovación.

·– PREPARACIÓN DEL HECHIZO –·

Hay diversos niveles de rituales y hechizos. Algunos son bastante simples y no implican un alto peligro para quien los realiza; estos serían perfectos para brujas principiantes. En caso de dudas, si no sabemos si seremos capaces de hacer un hechizo de la forma correcta o creemos que es demasiado complicado para nuestro nivel, es mejor esperar un tiempo para estar más preparadas. El ritmo de aprendizaje de cada persona es distinto. ¡Yo misma fui rapidísima en aprender a formular protecciones y guardas, pero tardé mucho en aprender a hacer hechizos de amor propio que funcionasen!

ES IMPORTANTE TENER EN CUENTA CUÁNDO VAMOS A REALIZAR NUESTRO HECHIZO, PARA ASÍ PODERLO ALINEAR AL MÁXIMO CON LA ENERGÍA DEL MOMENTO Y OBTENER EL MEJOR RESULTADO. AUN ASÍ, HAY QUE ASUMIR QUE NO SIEMPRE ES POSIBLE CUADRARLO TODO COMPLETAMENTE.

Antes de realizar un hechizo conviene estudiar o inventar la forma de deshacerlo, por si no sale como esperábamos. En hechizos de nudos suele ser suficiente desatar aquello que habíamos atado y deshacernos de los elementos. Los rituales que se hacen y conservan en un tarro se deben deshacer físicamente (tirando los ingredientes y el tarro por separado). Algunos hechizos necesitan de otro hechizo para contrarrestar y revertir su efecto… Pero, en casi todos los que aparecen en este libro, lo peor que puede pasar es que el hechizo simplemente no funcione.

La gran mayoría de hechizos y rituales son bastante generales. Es decir, pueden estar ideados para atraer fortuna, pero no específicamente aquella de tu campo laboral. O haber sido diseñados para tener amor propio, pero no para reconciliarte con una parte concreta de ti. Siempre que tenga un sentido, se puede modificar y cambiar un hechizo para adaptarlo mejor a nuestra situación. Podemos redactar una oración concreta para recitarla durante el ritual, añadir un elemento de nuestra profesión al hechizo de éxito laboral…

También podemos modificar los materiales y componentes del hechizo si es necesario. Por ejemplo, si no tenemos una daga ceremonial para cortar lazos energéticos, se puede usar un abridor de cartas, dado que tiene características similares.

En caso de usar fuego, por ejemplo, en velas o para quemar unas hierbas, es imprescindible tener un recipiente ignífugo donde ponerlas. Asimismo, es recomendable un segundo recipiente que pueda cubrir al primero, para ahogar las llamas si fuese necesario.

Es importante señalar que en muchos hechizos las cantidades son específicas. Si no se trata de una receta, ¿por qué hacen falta tres dientes de ajo y no cuatro? Es porque los números también guardan su propio simbolismo y significado.

LOS NÚMEROS: SIMBOLISMO Y SIGNIFICADO

1 Energía pura y nueva, ideas, inicio.

2 Fuerzas opuestas, dualidad, equilibrio.

3 Grupos, colaboración, crecimiento.

4 Estabilidad, fundamentos, estancamiento.

5 Perspectivas, conflicto, aislamiento.

6 Soluciones, equidad, valores.

7 Paciencia, cambio, evaluación.

8 Éxito, actividad, control.

9 Sabiduría, maestría, preparación.

10 Fin, reflexión, conclusión.

Los números más allá del 10 se reducen a su número básico, sumando sus dígitos, para conocer su significado «primo». El número básico del 12 es el 3 (1 + 2 = 3). Además, hay números con cierto simbolismo extra. El número 12, por ejemplo, simboliza la perfección, la entereza y el orden en muchas tradiciones.

EL NÚMERO 8 ES CONSIDERADO LA FORMA VERTICAL DEL INFINITO Y SIMBOLIZA LA BUENA SUERTE EN CIERTAS CULTURAS.

También hay hechizos que especifican con qué mano debes realizar una acción o joyas que están ideadas para ser llevadas en una mano u otra. ¿Por qué? Esto es así porque la mano derecha es la mano de dar, y por lo tanto es la mano en la que llevaremos joyas relacionadas con la energía que queramos ofrecer y proyectar al resto de personas; por ejemplo, una pulsera de cuarzo rosa servirá para transmitir amor. Por su parte, la mano izquierda es la mano de recibir. Si vamos a comer un plato de brujería de cocina, y queremos asegurarnos de recibir todas sus propiedades, debemos hacerlo ayudándonos de la mano izquierda.

HAY QUE ESTUDIAR BIEN QUÉ VAMOS A HACER, CONSEGUIR LOS MATERIALES QUE VAYAMOS A NECESITAR Y PREPARARLOS.

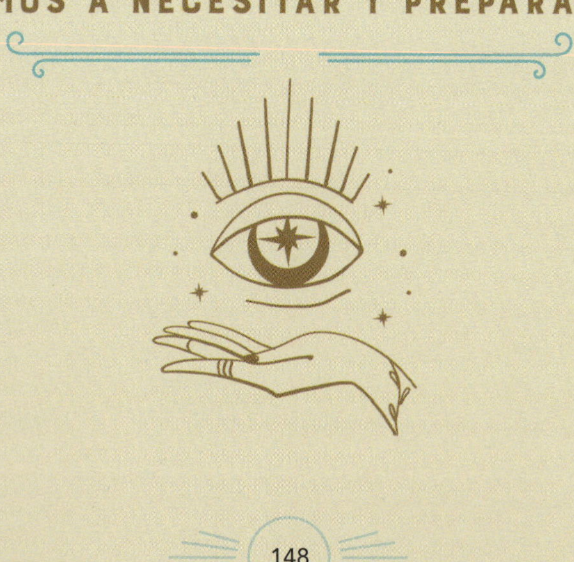

·– PROTECCIÓN –·

Antes de empezar con nuestro hechizo, es importante purificar y proteger nuestro espacio. Podemos quemar ramitas de romero, mientras dejamos las ventanas y las puertas abiertas, para purificar y proteger. Si queremos eliminar la energía negativa y repelerla, dibujaremos círculos en el sentido contrario de las agujas del reloj con el incienso. Y para atraer energía positiva y pura dibujaremos círculos en el sentido de las agujas del reloj. ¡El sentido de los círculos es aplicable para muchos hechizos!

En el caso de hechizos de atracción de alegría o vitalidad me gusta purificar mi espacio con música agradable. Pongo mi *playlist* preferida de bossa nova y bailo o canto (a veces lo hago mientras quemo romero o termino de preparar los materiales). Las campanas, los cascabeles, los abanicos… son muy útiles para purificar y limpiar un espacio. Aunque no sean herramientas de las que se suela hablar, a veces pueden ser más indicadas que una varilla de incienso.

Dependiendo de lo «peligroso» que sea nuestro hechizo, necesitaremos más o menos nivel de protección. Por ejemplo, para practicar necromancia (invocando y entrando en contacto con espíritus) se necesita una gran cantidad de protección, y no es una práctica recomendada para principiantes. En ese caso, las protecciones deben estar bien hechas para no correr ningún peligro. En cambio, un hechizo en el que se invoque la protección y sanación de unas cuantas plantas y minerales no implica tanto riesgo.

NO HAY QUE TEMER A LAS PRÁCTICAS MÁS ARRIESGADAS O PELIGROSAS. DEBEMOS MANTENER EL RESPETO HACIA ELLAS Y NO INTENTARLAS PRACTICAR HASTA QUE ESTEMOS VERDADERAMENTE PREPARADAS.

LA BURBUJA

Una de las protecciones más simples en cuanto a materiales se refiere es la burbuja. Entrando en un estado de meditación como el que vimos en el capítulo 1, hacemos una toma de tierra. Canalizando esa energía juntamos las manos dejando un pequeño espacio entre ellas. Iremos notando calor, como si estuviésemos formando una bola de luz con nuestras palmas y dedos. Con paciencia vamos separando las manos y visualizando cómo esa bola se amplía y se vuelve cada vez más luminosa, hasta que ya no nos cabe entre las manos. Seguimos abriendo los brazos y visualizamos cómo esa bola es ahora una burbuja de energía que nos envuelve y nos protege.

ESTA PROTECCIÓN LA USO ANTES DE CIERTOS HECHIZOS, PERO TAMBIÉN ALGUNAS MAÑANAS, CUANDO SÉ QUE ME ESPERA UN DÍA MUY LARGO Y ATAREADO.

EL CÍRCULO DE SAL

Otra protección clásica es el maravilloso círculo de sal. Cuenta con una parte palpable (la sal en sí) y también es bastante simple de realizar. Para centrar nuestra energía podemos hacer una toma de tierra. Una vez que estemos cómodas, cogeremos un puñado de sal con la mano izquierda. Poco a poco dibujaremos un círculo de línea continua en nuestro espacio. ¡No hace falta que este círculo nos rodee! Es un gasto innecesario de sal en la mayoría de los casos. Podemos dibujar un círculo pequeño en nuestro altar y visualizar cómo nos rodea y nos protege. Cada persona tiene sus preferencias a la hora de dibujar círculos; a veces se añade romero en la sal o se inscriben runas protectoras en el contorno con un palillo pequeño. Cuando finalices el hechizo o el ritual, recoge la sal y deshazte de ella, sacándola de casa y tirándola a la basura, por ejemplo.

Soy muy partidaria de hacer hechizos en la naturaleza, pero siempre respetando el entorno. La sal impide que las plantas absorban agua y nutrientes; las debilita y así son más propensas al ataque de plagas. Por lo tanto, si estáis en un bosque, evitad llevar sal y hacer círculos con ella en el suelo fértil.

EL CÍRCULO DE ELEMENTOS

El círculo de elementos es un poco más complejo, pero muy útil y efectivo. Primero necesitaremos localizar los puntos cardinales (norte, sur, este y oeste) en nuestro espacio. En cada uno de ellos representaremos los cuatro elementos: al norte, la tierra; al este, el aire; al sur, el fuego, y al oeste, el agua. Para hacerlo, colocaremos algo que simbolice a cada uno en su punto cardinal correspondiente. Mientras ponemos en el norte de nuestro círculo un bol de sal, por ejemplo, para representar la tierra, dedicamos unos momentos a imaginarnos cómo ese elemento nos protege y ayuda en nuestro trabajo. Siguiendo el sentido de las

agujas del reloj, vamos representando los elementos mientras visualizamos cómo conforman un círculo. Podemos recitar una frase cada vez que representemos a un elemento: «Tierra, te invoco para que me protejas y me ayudes en este ritual». Una vez que estén todos representados se puede usar una varita para trazar en el aire el círculo que los une a los cuatro, o añadir una línea de sal entre los puntos.

AL TERMINAR EL RITUAL O EL HECHIZO, DEBEMOS DESINVOCAR A LOS ELEMENTOS EN EL SENTIDO CONTRARIO A LAS AGUJAS DEL RELOJ, EMPEZANDO POR EL ÚLTIMO QUE HABÍAMOS INVOCADO.

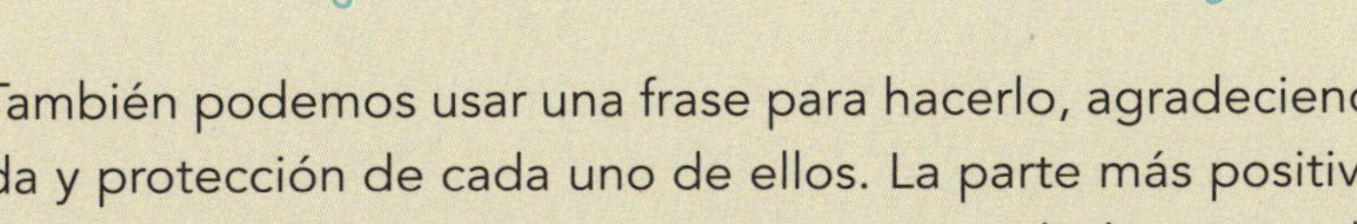

También podemos usar una frase para hacerlo, agradeciendo la ayuda y protección de cada uno de ellos. La parte más positiva de esta forma de protección es que no es necesario deshacernos de aquello con lo que hemos representado cada elemento. Lo podemos conservar y reutilizar la próxima vez (purificando y recargando su energía si es necesario).

EL HECHIZO

ATMÓSFERA MÁGICA

Tengo la convicción de que, para que un hechizo sea exitoso, debe haber sido preparado en una atmósfera mágica. El ambiente ha de acompañar el ritual que haremos para aportarnos inspiración, dejar fluir nuestra energía y ejecutar el hechizo de la forma correcta. ¡No existe una manera concreta de crear un buen ambiente para hacer magia! Estas son solo algunas de mis preferencias y recomendaciones.

Intento no hacer hechizos justo después de una comida, porque hace que me entre sueño y no pueda meditar bien ni concentrarme. Suelo pensar en alguna receta mágica que acompañe la intención del hechizo que realizaré después, o preparo alguna infusión con hierbas que me ayuden durante el ritual.

LA ROPA QUE USO PARA CADA HECHIZO ES BASTANTE CONCRETA. CASI SIEMPRE UTILIZO COLORES CUYO SIGNIFICADO COINCIDA CON LA INTENCIÓN DEL HECHIZO, E INCLUYO JOYERÍA ENCANTADA.

Encuentro mucho más cómodas las piezas de ropa suelta y holgada; en su mayoría son vestidos anchos. A veces, antes de vestirme para el ritual, me doy un baño de sales para purificar mi energía.

También acompaño a menudo mis hechizos y rituales con música. Ya tengo unas cuantas *playlists* con música para crear diferentes ambientes y así acompañar el trabajo. Algunas cuentan con música folclórica, otras con sonidos de la naturaleza... Escoger la música correctamente requiere paciencia. Siempre recomiendo escuchar la música de antemano para no encontrarnos a mitad de hechizo con una *playlist* que no acompaña a nuestro ambiente.

El incienso es una herramienta imprescindible en mis rituales. Muchas veces no es necesario para el hechizo en sí, pero me gusta añadir a mi atmósfera un perfume que la acompañe.

INCIENSOS Y AROMAS

- **Salud**: clavel, cedro, eucalipto, enebro, laurel, lavanda, melisa, mirra, pino, salvia, sándalo, tomillo.
- **Amor**: albahaca, almizcle, ámbar gris, canela, jazmín, manzana, manzanilla, melisa, menta piperita, pachuli, rosa, sangre de dragón.
- **Trabajo**: abeto, arrayán, cedro, clavo, glicina, heliotropo, madreselva, menta, nuez moscada, pimienta, pino, salvia, vainilla.
- **Espiritualidad**: gardenia, heliotropo, jazmín, olíbano, pino, rosa, salvia, sándalo, sweet grass, violeta.

ES MEJOR BUSCAR UN ESPACIO EN EL QUE NADIE VAYA A MOLESTARTE, DEJAR EL MÓVIL A UN LADO Y ESTAR CÓMODA. CADA PERSONA TIENE SU PROPIA FORMA DE SENTIR COMODIDAD Y A VECES ES CUESTIÓN DE TIEMPO CONOCER QUÉ FUNCIONA PARA CADA UNA.

El hechizo en sí es la parte que más impone dentro de la práctica de una bruja, pero si se han cumplido los pasos de preparación anteriores no tiene por qué haber una gran complicación. Cada hechizo tiene una forma y deben seguirse unos pasos diferentes. Sigo destacando la importancia de familiarizarnos siempre con aquello que vamos a hacer. De poco va a servir recitar un texto en latín si no entendemos lo que dice y no conocemos su significado e intención. Tener un vínculo con el trabajo mágico que vamos a hacer facilita mucho la alineación de nuestra energía y poder usarla para aquello que queremos. Para potenciar hechizos, a veces tengo cerca una runa o una carta de tarot cuyo significado coincida con mi intención.

Y en hechizos y rituales largos o más complicados siempre uso una vela guía. Esta vela está intencionada para decirme cómo se está desarrollando mi hechizo. Me indica, leyendo la llama y la caída de la cera, el estado del hechizo, si hay algún bloqueo o si algo va mal. Así puedo reaccionar a tiempo y solucionarlo, en vez de encontrarme semanas después con que el hechizo no ha funcionado.

¡ES UN RECURSO MUY ÚTIL QUE HA SALVADO UNOS CUANTOS DE MIS RITUALES DEL FRACASO!

·– AL TERMINAR... –·

Dependiendo del trabajo que hayamos realizado, debemos realizar una acción u otra al acabar. Hay hechizos que han de ser enterrados, otros desechados o colgados como decoración e incluso ingeridos (como las recetas mágicas). Lo que debemos hacer con un hechizo al terminar coincide con la intención. Si el hechizo es para absorber y desterrar energías negativas, debemos desecharlo para alejarlo de nosotras. Si es un amuleto de protección, tendremos que llevarlo cerca. Una vez que hayamos hecho con nuestro hechizo aquello que sea conveniente, retiraremos nuestras protecciones específicas para el hechizo (es decir, los círculos).

En este momento debemos estar atentas a nuestras necesidades. Hay personas que prefieren limpiar y purificar su espacio después de hacer hechizos, algunas que necesitan un baño ritual para purificarse y recargar energías y otras aprovechan para prepararse algo de comer.

ES IMPORTANTE ESCUCHAR AQUELLO QUE EL CUERPO NOS PIDE. ¡A VECES PODEMOS NECESITAR UNA SIESTA LARGA!

CAPÍTULO 6

HECHIZOS TRADICIONALES

AGUAS DE BRUJA

- **Agua de luna**: reúne las propiedades y cualidades de la luna a la que es expuesta. Puede usarse en infinidad de hechizos y rituales. Hierve una infusión con agua de luna para añadir su energía a tu día.
- **Agua de mar**: es sanadora y purificante; atrae abundancia y aleja malas energías. Añade unas gotas de agua de mar a tu baño mágico para purificar tu energía.
- **Agua de lago**: es perfecta para rituales de adivinación, como, por ejemplo, los de oleomancia. Tiene propiedades relajantes, aporta paz y felicidad. Guarda un bote de agua de lago cerca de tu cama para tener sueños profundos y proféticos.
- **Agua de río**: es transformadora, ayuda a acelerar los procesos de cambio y aleja la negatividad. Pon un poco de agua de río en la entrada de tu hogar para mantener alejadas a las personas negativas.
- **Agua de lluvia**: aporta inspiración, creatividad, crecimiento y protección. Añade unas gotas de agua de lluvia a aquella en la que que enjuagas los pinceles al pintar para no perder la inspiración y tener nuevas ideas.
- **Agua de tormenta**: además de alejar las malas energías, aportar seguridad en una misma y motivación en momentos difíciles, refuerza casi cualquier hechizo. Añade unas gotas de agua de tormenta a aquel hechizo que necesitas que tenga mucha potencia o que se materialice rápido.
- **Agua de pantano**: se usa en hechizos bastante negativos, relacionados con la venganza y asuntos similares. Aunque tenga estos usos tan negativos, también se puede utilizar a modo de advertencia para aquella persona que tenga malos deseos hacia nosotras. Pon unas gotas de agua de pantano sobre un espejo y sitúa el espejo hacia el exterior de tu hogar para devolver esa negatividad.

- **Agua de nieve**: es muy purificante, sana los cambios bruscos y elimina las malas energías. Limpia con agua de nieve las ventanas de tu hogar para purificar toda la energía que entre.
- **Agua de sol**: aporta vitalidad, fuerza, positividad, prosperidad, capacidad de liderazgo y felicidad. Riega el romero de la puerta de tu hogar con agua de sol para potenciar su protección e invitar a la felicidad a entrar en tu casa.
- **Agua elemental**: aporta poder, energía y multiplica la intención de casi cualquier trabajo. Es una herramienta muy flexible. Sumerge tus amuletos en agua elemental y déjalos secar al aire libre para revitalizarlos.
- **Agua de rosas**: atrae el amor, además de aportar belleza, autoestima y protección. Lava tu cara con agua de rosas al amanecer de una noche de luna nueva para encontrar un nuevo amor.
- **Agua de romero**: es muy protectora y purificadora; atrae el amor y promueve sueños relajantes, alejando las pesadillas. Enjuaga tu cabello con agua de romero después de lavarlo y masajea las raíces para hacerlo crecer fuerte y sano.
- **Agua de Florida**: esta agua perfumada tiene muchísimos usos relacionados con la protección y la purificación espiritual. Pon un poco de agua de Florida en un trapo y úsala para limpiar y cubrir tu altar.
- **Agua de San Xoán**: esta agua floral mágica tiene infinidad de propiedades; protección, belleza, cierre de ciclos… Lava tu cara por la mañana del día de San Juan con esta agua para atraer todos sus beneficios durante el siguiente año.

AGUA ELEMENTAL

Dificultad: I

Tiempo: I

Necesitaremos:

- Un recipiente transparente con tapa (preferiblemente de cristal).
- Una tormenta.
- Papel y bolígrafo.

El agua elemental es agua recolectada mientras hay una tormenta. Para que sea agua elemental debe ser agua de lluvia que también haya estado expuesta a rayos y truenos.

Primero purificaremos nuestro recipiente. Cuando veamos que se aproxima una tormenta, lo tomaremos y enterraremos un poco su base en la tierra del jardín, de una maceta… Algunas personas siempre dejan uno preparado por si acaso. Cuando la tormenta cese (o cuando el recipiente esté lleno), lo recogeremos y lo llevaremos a nuestro espacio mágico. Pondremos nuestras manos por encima de la apertura e intencionaremos el agua elemental para que nos ayude en nuestra práctica y nos empodere.

¡Ahora estará lista para usar en casi cualquier hechizo que necesite un empujoncito!

AGUA DE SAN XOÁN

Dificultad: I	**Necesitaremos:**
Tiempo: III	

- Romero.
- Hierba luisa.
- Hinojo.
- Helecho.
- Malva.
- Rosa silvestre.
- Hierba de San Juan.
- Agua de siete fuentes.

Este pequeño ritual típico de Galicia tiene una larga historia. Proviene de una tradición pagana que, tiempo después, se intentó cristianizar.

La preparación comienza el día previo a San Juan (es decir, el 23 de junio). Durante ese día se recolectan las hierbas de San Juan y el agua de siete fuentes (naturales, preferiblemente). En la víspera de San Juan, durante el atardecer, se pone en una tina el agua de siete fuentes y las hierbas, y se deja al aire libre durante toda la noche. A partir de ese momento, y hasta el amanecer del día de San Juan, no nos podremos mirar en ningún espejo o superficie reflectante (para que no nos vea nadie «por el otro lado»). Al amanecer, nos lavaremos la cara con esta agua, bendita por el rocío de San Juan, que aporta belleza, protección y salud para todo el año.

También podemos poner las flores en un atadillo, dejarlo secar al sol y suspenderlo sobre la puerta de nuestro hogar para atraer amor, protección y salud. Al año siguiente, cuando ya hayamos preparado nuestra agua y la hayamos dejado en el exterior para que pase la noche, podemos quemar el ramillete en la hoguera de San Juan (deshaciéndonos así de toda la negatividad que haya podido acumular).

Dependiendo de la tradición de la zona, algunas hierbas se sustituyen por otras, como el tojo, el mirto, la menta, la lavanda, la flor de Santa María o el saúco. Lo importante es que sean siete hierbas distintas.

AGUA DE LUNA

Dificultad:	I
Tiempo:	I

Necesitaremos:

- Un recipiente transparente con tapa (preferiblemente de cristal).
- Una tela fina.
- Agua potable.
- Papel y bolígrafo.

Aunque no sea un hechizo como tal, requiere de su pequeño ritual y preparación. Preparar agua de luna es perfecto para empezar a practicar, además de que tiene una gran variedad de usos.

Primero purificaremos bien todo nuestro material. Con una varilla de incienso ahumamos el interior de nuestro recipiente y su tapa, además de la tela. Después, lo llenamos de agua y cubrimos la apertura del recipiente con la tela fina. Podemos ajustar la tela al borde con un cordel o una goma para evitar que entren suciedad o bichitos en nuestra agua. Por último, exponemos el agua a la luz de la Luna durante toda la noche (intencionándola para que se nutra de la energía). ¡Recoged el agua antes del amanecer para que sea únicamente agua de luna!

Para almacenarla, apuntad en un papel en qué fase y signo estaba la Luna con la que cargasteis el agua y pegadlo en el recipiente. Intentad que el recipiente no esté expuesto a la luz solar directa. Yo siempre guardo mis aguas de luna en recipientes opacos o en un armario por si acaso.

Usos del agua de luna:

- Infusiones.
- Baños ritualizados.
- Recetas.
- En hechizos.
- Para limpiar y purificar tu espacio.

El agua tendrá la energía y propiedades del astro al que ha sido expuesto. Podéis crear agua de cualquiera de las fases lunares, agua solar, agua de eventos astrológicos peculiares (como puede ser un eclipse), etc., para incorporar su energía en vuestra práctica.

SAQUITO DE PROTECCIÓN

Dificultad: I

Tiempo: I

Necesitaremos:

- Un trozo de tela blanca (a poder ser de fibras naturales, como algodón).
- Hilo blanco o rojo.
- 6 ramitas de romero (purificación, protección).
- 8 ramitas de ruda (protección, guarda de las malas energías).
- 3 hojas de laurel (protección, éxito).
- 11 granitos de pimienta negra (purificación, protección).
- 1 puñadito de sal blanca o negra (purificación y protección).
- Agua de luna llena (energía, protección).

Primero purificaremos bien la tela y el hilo de la forma que nos sea más cómoda. Iremos añadiendo los componentes del hechizo al centro de la tela, intencionándolos uno a uno. «Sal, para purificar y proteger mi espacio; romero, para purificar y proteger mi espacio…». Una vez que estén los componentes sobre la tela, pondremos unas cuantas gotas de agua de luna llena con nuestra mano izquierda. Por último, juntaremos los extremos de la tela para formar un saquito y lo cerraremos dando seis vueltas con el hilo y atando tres nudos. Podemos colgar el saquito sobre la entrada principal de nuestro hogar, sobre la puerta o la ventana de nuestra habitación, guardarlo en un cajón ¡o incluso hacer una versión «mini» para llevarlo dentro del bolso!

Cuando la tela esté sucia, el interior se haya empezado a solidificar o simplemente si tú lo consideras así, será el momento de deshacerte del saquito y hacer uno nuevo.

La sal negra se puede preparar de muchas maneras. Yo hago la mía en casa mezclando sal marina con cenizas finas de romero y ruda y pimienta negra molida. Tiene una enorme capacidad protectora y es muy usada dentro de una larga lista de tradiciones.

BAÑO RITUAL

Dificultad: I

Tiempo: I

Necesitaremos:

- Una intención clara (por ejemplo, relajación y purificación).
- 3 hierbas que coincidan con la intención (manzanilla, lavanda, canela).
- 1 vela del color correspondiente a nuestra intención (blanco).

Los baños rituales son una práctica muy antigua y pueden tener infinidad de usos. Se pueden formular de maneras distintas y añadir minerales y demás componentes (como frutas o aguas de astros) para ajustarlos más a nuestra intención. Para un baño básico no hace falta demasiado; de hecho, si intencionas el agua de la bañera ya es suficiente. Aun así, los aromas de un baño con plantas siempre son agradables e incluso pueden tener finalidades terapéuticas. ¡Asegúrate de no usar hierbas tóxicas ni sumergir minerales solubles!

Primero reunimos nuestras hierbas, en la cantidad que consideremos. Las podemos poner directamente en el agua de la bañera, o usar algo que las contenga (como una tela fina, un infusionador...). Encendemos la vela y la colocamos encima de una superficie segura en el cuarto de baño. ¡Y al agua! Báñate durante el tiempo que necesites. Una vez que termines, vacía la bañera y deshazte de las plantas. Si habías puesto las hierbas directamente en el agua, puedes colocar un colador en el agujero de drenaje para recogerlas y que no taponen las tuberías.

En caso de no tener bañera, puedes hacer un saquito con las hierbas y una tela, humedecerlo y usarlo como esponja, o fabricar un ramillete de plantas y colgarlo dentro de la ducha.

ADORNO DE CASCABELES

Dificultad: II	**Tipo:** Amuleto de protección
Tiempo: II	**Necesitaremos:** • Cordel negro (protección, absorbe la negatividad). • Tres cascabeles (purificación energética, aleja la negatividad). • Tijeras.

Este hechizo tiene como parte física un pequeño adorno de tres cascabeles, que al acabar colgaremos en el pomo de nuestra puerta (ya sea la puerta principal de la casa o la de nuestra habitación).

Comenzamos el hechizo purificando bien sus elementos. Seguidamente cortamos nueve trozos de cordel de igual largo; recomiendo que sean de unos 10 cm. Con los nueve trozos de cordel, hacemos tres trenzas diferentes. Recordad ir intencionando cada trenza mientras la hacéis. Al final de cada una de ellas ataremos con tres nudos uno de los cascabeles. En este punto debéis programar el cascabel que estéis atando para que desarrolle la función que queremos: purificar y alejar la negatividad con su sonido. Podemos recitar unas palabras para ello: «Con tu sonido, purifica mi espacio y aleja lo negativo», por ejemplo. Con otro trocito de cordel anudamos las tres trenzas, dejando que los cascabeles cuelguen, y lo colgamos en nuestra puerta.

Al abrir y cerrar la puerta sonarán los cascabeles y, cuando se rompa nuestro amuleto, lo desmontaremos por completo y nos desharemos de sus partes. Con la correcta purificación podremos conservar los cascabeles para el siguiente amuleto.

ESCALERA DE BRUJAS

Dificultad: II

Tiempo: II

Necesitaremos:

- Hilo negro (para absorber la negatividad).
- 3 ramas de romero (protección, purificación).
- 3 rodajas secas de limón (purificación, claridad, felicidad).
- 3 ramas de canela (protección, éxito).

Este hechizo tiene como parte principal la cuerda, con sus nudos mágicos. En ellos se atrapa y se asienta nuestra intención. Una escalera de brujas puede contar con una cantidad muy variable de nudos: ¡desde 3 nudos hasta 40 o 50! (el número de nudos debe corresponderse con nuestra intención). Puede tener una enorme variedad de usos, siendo algunos de ellos mejores y peores. En cada uno de los nudos podemos añadir elementos que coincidan con aquello a lo que va dedicada nuestra escalera. Por ejemplo, si queremos paz y protección, podremos anudar ramas de romero, plumas blancas, piezas de cuarzo, rodajas de naranja deshidratada…

Primero tenemos que cortar nuestro hilo al largo deseado; debe ser suficiente para que quepan nuestros nudos dejando un espacio entre ellos. Hay brujas que usan un solo hilo, otras que usan tres a la vez y, además de anudarlos, hacen trenzas entre los nudos… Depende de las preferencias de cada una.

La escalera de 9 nudos es la que más uso, y conforme hago el hechizo recito mi intención y cómo se materializa, acompañando cada uno de los nudos. El texto que recito cambia siempre que hago una escalera nueva, porque también varían mi intención y mis necesidades del momento. Siempre procuro escribir el texto antes, para que no se me olvide durante el hechizo.

Para llevar a cabo el hechizo, primero cortamos el hilo negro con la longitud necesaria. Acto seguido invocamos la propiedad que queremos del hilo, por ejemplo, que absorba la negatividad propia y de nuestro hogar. También intencionamos el romero, el limón y la canela, tal y como lo hemos hecho con el hilo. Y ahora… ¡a anudar! Con repetir la intención de cada uno de los ingredientes conforme los vayáis añadiendo a la escalera puede ser suficiente, pero también podéis recitar un texto como este, que acompañe la intención:

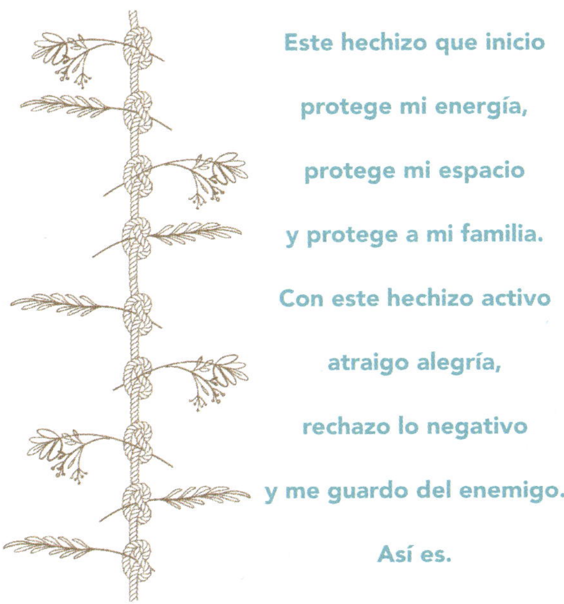

Este hechizo que inicio

protege mi energía,

protege mi espacio

y protege a mi familia.

Con este hechizo activo

atraigo alegría,

rechazo lo negativo

y me guardo del enemigo.

Así es.

Cuando la escalera esté terminada, podéis usarla de decoración en vuestro espacio, esconderla o enterrarla en alguna de vuestras macetas.

El orden en el que se hacen los nudos a lo largo de la cuerda no tiene demasiada influencia en el resultado. Eso sí, a la hora de deshacer una escalera de brujas se necesita desatar los nudos en el orden contrario al que fueron atados. Por lo tanto, podéis desordenarlos a lo largo de la cuerda para que sea más difícil de revertir. ¡Apuntaos el orden en el que habéis atado todo!

LAS 12 MONEDAS

Dificultad: II	**Necesitaremos:**
Tiempo: II	• 12 monedas de diversos valores. • Un trozo de tela de color verde. • Hilo negro.

Este hechizo es para atraer el dinero y éxito financiero al hogar. Se usan 12 monedas porque 1 + 2 = 3, y el número 3 significa crecimiento. Hay diversas variantes de este hechizo, y explicaré dos de ellas.

La primera forma de realizar este hechizo consiste en repartir 12 monedas por diferentes rincones del suelo del hogar. No deben ser sitios demasiado escondidos, pero sí de acceso difícil (porque las monedas no se deben tocar). Por ejemplo, debajo de una cajonera sería un buen sitio, dado que si te agachas puedes ver la moneda, pero nadie alcanza a pisarla. Empezamos repartiendo las monedas por el suelo, poniéndolas con la mano izquierda y repitiendo: «El dinero en el suelo es dinero en la puerta» con cada una. Nos debemos concentrar bien en nuestra intención y no hacerlo demasiado rápido. Si en el próximo ciclo lunar no se ha visto ninguna mejora en el tema, es decir, si no ha habido ningún tipo de avance económico y la situación sigue igual que al principio, se pueden recoger y

purificar las monedas y volver a repetir el ritual. Es importante preguntarse por qué no ha funcionado la primera vez para corregir el error y no empeorar la situación.

Otra forma de hacer el hechizo de las 12 monedas es fabricando una guirnalda. Tomamos nuestra tela verde, ponemos una moneda en un extremo y cerramos la tela envolviendo la moneda como si fuese un caramelo. Hacemos 3 vueltas de hilo negro y lo atamos con 3 nudos a cada lado de la moneda, asegurándola dentro de la tela. Seguimos poniendo las monedas una a una, envolviéndolas con la tela y asegurando la guirnalda con nudos de hilo. El resultado puede parecer una especie de vaina de guisantes. Una vez que esté terminada la guirnalda, la intencionamos para que dé la bienvenida a la prosperidad económica en el hogar. Podemos guardar el adorno mágico en un cajón, pero es mejor si lo colgamos cerca de la puerta (o lo escondemos un poco en algún lugar de la entrada de la casa).

Dentro de los compartimentos de monedas, podéis añadir canela y laurel (u otras hierbas relacionadas con el éxito económico) para potenciar el hechizo.

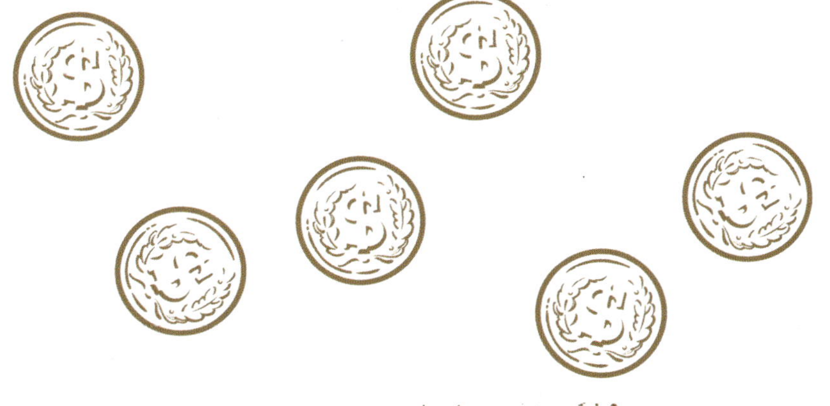

BUENA SALUD

Dificultad: II

Tiempo: II

Necesitaremos:

- Agua elemental.
- Vela azul (sanación).
- Vela roja (fuerza, energía vital).
- Vela blanca (purificación).
- Cuarzo blanco (protección, sanación).
- Amatista (meditación, equilibrio).
- Un bol pequeño.

Este hechizo, pese a tener una parte física y visible (el bol, las velas...), tiene su parte importante en la meditación y la visualización. Por lo tanto, es vital realizarlo en un espacio muy tranquilo donde no vayamos a ser interrumpidas.

Empezamos colocando las velas delante de nosotras: la azul, a la izquierda; la blanca, en el medio, y la roja, a la derecha. Disponemos los minerales en el espacio que queda entre las velas. Entonces, encendemos las velas con la mano izquierda. Antes de empezar con el pequeño ritual recitamos unas afirmaciones. El texto, como siempre, lo podéis hacer como queráis; a continuación, os ofrezco un ejemplo por si lo queréis usar y modificar.

«Agradezco mi salud, agradezco que mi cuerpo me albergue y que mi alma me guíe.

Tengo lo que necesito cuando mi cuerpo, mi mente y mi espíritu están en armonía.

Mi aura es poderosa, me protege, me cuida y me sana.

Que mi salud sea duradera y continua.

Así es».

Después de reflexionar sobre las palabras recitadas, cerraremos los ojos y humedeceremos los dedos índice y el corazón de la mano izquierda en un bol con agua elemental. Nos tocamos en el pecho, a la altura del final inferior del esternón, mientras recitamos: «Mi cuerpo está en sintonía».

Cuando lo hacemos, visualizamos cómo fluye una energía potente y sanadora del punto de nuestro cuerpo que acabamos de tocar. Volvemos a humedecer nuestros dedos en el agua y tocamos el centro de nuestra frente, diciendo: «Mi mente está en sintonía».

Visualizamos el flujo de energía de nuestro pecho, conectándose con el de nuestra frente. Humedecemos nuestros dedos en el agua por última vez, nos tocamos la parte superior de la cabeza y afirmamos: «Mi espíritu está en sintonía».

Volvemos a visualizar el flujo de energía, recorriéndonos de los pies a la cabeza y sanándonos por completo. Sentimos cómo nos conectamos con la tierra y el universo (tal y como está explicado en la toma de tierra del capítulo 1), y, cuando estemos preparadas, abriremos los ojos. Cada persona es diferente, así que tómate todo el tiempo que necesites; puedes seguir meditando, tumbarte, moverte un poco…

Una vez que abramos los ojos, extinguiremos la llama de las velas (con un apagavelas o una cuchara) y nos desharemos del agua elemental. ¡Podemos usarla para regar nuestras plantas! Lo importante es no guardarla.

PARA QUITAR MIEDOS

Dificultad: II	**Necesitaremos:**
Tiempo: II	Una daga ceremonial. Una vela negra o azul. Un punzón o aguja.

Primero preparamos nuestra vela negra o azul (el color es indiferente, dado que el color negro se usa para alejar y el azul para sanar; ambos coinciden con nuestra intención). Pensamos en el miedo del que nos queremos deshacer y lo inscribimos en la parte superior de la vela, alrededor de la mecha. Si el texto es demasiado largo para la poca superficie de la vela, podemos tallar solamente la primera letra de nuestro miedo. Recitamos una afirmación antes de encender la vela y empezar con el hechizo.

«Escojo la paz y la tranquilidad, me deshago del miedo.
Elijo eliminarlo.
Vivo en calma; siento la paz, sabiendo que el control es mío».

Posteriormente, encendemos la vela con la mano derecha. Visualizamos cómo, conforme el fuego consume la cera, nuestro miedo se desvanece. Ya no nos provoca tensión, no nos impone. Podéis idear también unas palabras para recitar en este momento, o recitar las anteriores otra vez. Mientras se consume, dibujad en el aire un sigilo de liberación con la daga ceremonial, para terminar de cortar con el miedo. Una vez que se consuma la vela, nos deshacemos de sus restos.

Para este hechizo, y todos aquellos que requieren de una vela que se consuma por completo en nuestra presencia, recomiendo usar velas pequeñas (como las de cumpleaños) que coincidan en color. Así no tendréis que estar en un hechizo activo durante 8 horas.

LA OLLA

Dificultad: II	**Tipo:** Hechizo de purificación y protección
Tiempo: III	**Necesitaremos:** • 3 ramas de canela (protección, sanación, buena suerte). • 3 ramas de romero (purificación, protección, amor). • 12 clavos aromáticos (protección, prosperidad, destierro de negatividad). • 3 cucharadas de azúcar (endulzar situaciones, amor). • 3 cucharadas de sal (purificación y protección). • 1 limón (purificación, felicidad). • 1 naranja (purificación, prosperidad, amor). • Agua.

Pese a que para preparar este hechizo necesitemos una olla, no es para cocinar, sino para infusionar los ingredientes y perfumar la casa con su vapor.

Primero pondremos una olla con agua a hervir, cortaremos el limón en cinco rodajas de ancho similar y haremos lo mismo con la naranja. Añadiremos al agua las cinco rodajas de cada fruta como si fuesen las puntas de un pentáculo. También pondremos la canela, el romero, los clavos y la sal. Recordad irlas intencionando. Una vez que tengamos la olla preparada, abriremos todas las puertas y ventanas de la casa para que se airee y el vapor salga arrastrando consigo las malas energías. Dejaremos hervir la olla durante horas (desde el amanecer hasta el anochecer, idealmente). Podemos ir quitando la olla del fuego e irla pasando por las habitaciones para que el vapor llegue a todos lados.

Cuando terminemos, nos desharemos de las hierbas y frutas usadas, así como del agua.

LA SONAJA DE CARACOLES

Dificultad: II	**Tipo:** Amuleto de protección
Tiempo: III	**Necesitaremos:** • 26 caparazones de caracol vacíos (protección y purificación). • Un hilo blanco (protección y purificación). • Clavo y martillo.

Este hechizo junta la magia de nudos (como en una escalera de brujas) con la magia del sonido. El sonido que producen las conchas de caracol al chocar entre ellas es muy purificador y protector. En la brujería, por lo general, cualquier elemento que haya servido para proteger a un ser (ya sea la cáscara de un huevo, un caparazón, una concha...) tiene enormes propiedades energéticas relacionadas con la protección y la eliminación de malas energías.

Para empezar, limpiamos bien nuestros caparazones de caracol. Podemos hervir agua, añadir un poquito de jabón a la olla y poner a remojo los caparazones. Después de unos 5 o 10 minutos, los enjuagamos varias veces hasta que el agua salga limpia. Para secarlos los metemos al horno a unos 80 °C con ventilador durante 5 o 10 minutos, para que no quede humedad atrapada en las cavidades interiores.

Una vez limpias, y con mucho cuidado, le hacemos un agujerito a cada uno en el lateral de la apertura. No debe ser demasiado grande, pero sí lo suficiente como para pasar el hilo. Empezamos a anudar, uno por uno, todos los caparazones. No tienen que quedar demasiado juntos, pero tampoco separados; ha de haber la distancia justa para que tengan un poquito de movimiento y suenen. Recordad ir intencionando el amuleto conforme lo hacéis.

Cuando tengáis todos los caparazones anudados, ¡es el momento de colgar el amuleto! Ponedlo en el exterior de vuestro hogar (a la izquierda de la puerta, en una ventana...) para recibir su protección. En los días de viento sonará, y con el sonido purificará el lugar. Si necesitáis de su energía en un momento en el que no haga viento, podéis descolgarlo y agitarlo manualmente por la casa.

No recolectéis caracoles vivos; buscad caparazones vacíos por la montaña, en campos y en prados. Tened cuidado con aquellos que estén hibernando; forman una membrana en la apertura de la caracola y no se mueven, ¡pero siguen vivos! Id guardando aquellos caparazones que os encontréis. Recopilar una cantidad tan grande de caparazones de caracol puede tomar un tiempo y ¡no pasa nada! Si el hechizo es urgente, podéis sustituir el número 26 por el 8, que es su número básico.

CAPÍTULO 7

MAGIA GLAMOUR

La magia *glamour* es aquella que afecta a nuestra apariencia. Los *glamours* alteran la percepción que otras personas tienen de nosotras, potencian los efectos de los productos de belleza, convierten una protección solar en protección energética...

Son una clase de hechizos que suelen pasar muy desapercibidos, dado que su parte física no es un tarro con hierbas y minerales, sino un maquillaje o una crema hidratante. Sus usos son muy variados. No solo sirven para estar guapa (aunque parezca que es lo que dice el nombre), también hay glamours para tener una apariencia más amistosa, para proteger tu energía, para parecer más intelectual y apta para un trabajo... Se podría decir que son una especie de disfraz energético.

BELLEZA

Dificultad:	III
Tiempo:	III

Necesitaremos:

- 500 ml de agua destilada.
- 8 ramas de romero (protección, amor, revitalización).
- 8 puñados de pétalos de rosa frescos (belleza, amor, energía positiva).
- Una olla.
- Un bote de cristal.

La parte física de este hechizo es la preparación de un sérum con dos plantas que tienen propiedades cosméticas (como desinflamar o cicatrizar): la rosa y el romero. Además, estas propiedades se sumarán a nuestra intención durante la preparación y la aplicación, proporcionando un resultado rápido. ¿Nos convertirá en la persona más bonita del mundo de la noche a la mañana? Como era de esperar, no. La belleza es algo bastante subjetivo. Este hechizo recibe el nombre de «belleza» porque consigue que tú misma te percibas mejor y otras personas también lo hagan. Es el glamour que uso cuando no he dormido demasiado bien y quiero deshacerme de la cara de cansada, o cuando llevo un tiempo sin verme bonita y necesito un *boost* de autoestima.

Primero llenaremos una olla con el agua destilada, los pétalos y el romero (previamente enjuagados) mientras lo intencionamos con «protección y belleza». Taparemos la olla y la pondremos a fuego medio-alto hasta que empiece a hervir. Una vez que ya esté todo en ebullición, bajamos el fuego, removemos si hace falta, y volvemos a tapar para que no se escape la esencia de las plantas. Pasados 10 minutos a fuego bajo, lo apagamos y dejamos reposar la olla cerrada durante, al menos, una hora. Después retiramos las plantas con un colador, ponemos nuestra agua en un bote de cristal y lo conservamos en la nevera. Nuestro sérum mágico estará listo para usar al día siguiente.

Recomiendo extraer del bote la cantidad que vayamos a usar cada vez y ponerla en un recipiente pequeño. Así evitaremos introducir gérmenes en el bote principal y que el agua se contamine. Otra opción es poner nuestra agua en un espray. En ese caso, después de lavarnos la cara, podemos aplicarnos nuestra agua con un algodón húmedo, a toquecitos, o pulverizarla directamente, dibujarnos sigilos sobre el rostro… También podemos añadir unas gotas de esta agua a un baño ritual.

PROTECCIÓN

Dificultad: III	**Necesitaremos:**
Tiempo: II	○ Sigilos y runas protectoras de nuestra preferencia. ○ Elementos de nuestra rutina diaria.

Este hechizo es muy flexible. Podría tratarse más bien de un diseño de «maquillaje y vestuario». Vamos a incluir elementos protectores en aquello que nos pongamos; mientras aplicamos la crema hidratante, nos cepillamos el pelo o nos vestimos.

Empezaremos lavándonos bien la cara, para purificarnos. Es importante visualizar cómo el agua se lleva aquella energía no deseada. Podemos seguir con nuestra rutina de cuidado de la piel, aplicándonos los diversos productos mientras dibujamos símbolos protectores. Al hacerlo, debemos imaginar cómo los símbolos generan un escudo que hace rebotar la energía negativa. También al arreglarnos el pelo, podemos ver cómo protege la energía que alberga nuestra cabeza. Es mejor si alguno de los productos que usamos tiene ingredientes que correspondan a nuestra intención (como, por ejemplo, usar infusión de romero en el cabello antes del peinado).

Si decidimos utilizar maquillaje, podemos dibujar también runas antes de difuminarlo. La runa algiz es perfecta para aplicar el corrector en la zona T, y la runa Berkanan encaja genial para perfilar el labio superior. Con las correspondencias de color, podemos añadir tonos que reafirmen nuestra intención.

Vistiéndonos también se pueden incorporar prendas de colores protectores y, además, ¡nos podemos poner joyería y accesorios! Unos pendientes de cuarzo blanco, un anillo de selenita o una pulsera de obsidiana. Recordad que para recibir las propiedades de estos minerales es mejor colocar anillos, brazaletes y pulseras en la mano izquierda. Para que no sean simples prendas o accesorios, es muy importante intencionar e invocar la propiedad que queremos obtener: «Con este vestido blanco me protejo de las energías negativas». Intentad mantener un estado de concentración igual que el que se requiere para cualquier otro hechizo, aunque el *glamour* tenga un formato diferente.

Al quitarnos las prendas y lavarnos la cara estaremos retirando una gran parte del *glamour* que hicimos antes. Los productos intencionados que hayan penetrado en nuestra piel (como una crema hidratante) no se pueden retirar físicamente. Si se quiere cancelar su efecto, podemos realizarnos una limpieza energética. Asimismo, podemos purificar también todos los elementos que hayamos usado en nuestro glamour (como ropa, accesorios y demás) si así lo consideramos.

Guía de los significados de las telas:

- Algodón: simplicidad, protección, buena suerte.
- Cachemir: comodidad, lujo, calidez.
- Cáñamo: viaje, iluminación, apertura de puertas.
- Chifón: feminidad, elegancia, delicadeza.
- Cuero: protección, instinto.
- Encaje: sacralidad, privilegio, sensualidad.
- Franela: relajación, calidez.
- Fieltro: protección, buena suerte, prosperidad.
- Gasa: sanación.
- Lana: esperanza, renovación, calidez.
- Lona: creatividad, nuevos comienzos, gran potencial.
- Satén: brillo, amor.
- Seda: prosperidad, prestigio, transformación.
- Terciopelo: liderazgo, honor, emociones.
- Tela vaquera: persistencia, trabajo, rebelión.

ENCANTAR OBJETOS

Dificultad: IV

Tiempo: III

Necesitaremos:

- Un bote de perfume.
- 3 rosas rojas (amor, pasión).
- 3 rosas blancas (amor, pureza).
- 3 ramas de romero (amor, protección).
- 3 tréboles (amor, fidelidad, atracción).
- Cuarzo rosa (amor, atracción, autoestima).
- Cornalina (vitalidad, coraje).
- Hematita (armonía, equilibrio, autoestima).
- Sal rosa (amor, protección de las relaciones).
- Agua de luna creciente.

Encantar objetos es realmente útil en nuestra práctica brujil, pero dentro de la magia glamour suele tener un papel protagonista. ¿Qué bruja no quiere llevar en su bolso una barra de labios mágica? Se puede encantar casi cualquier cosa: pendientes, anillos, maquillaje, muebles… Pero pondré como ejemplo cómo encantar un perfume para atraer el amor. En este caso, todos los ingredientes estarán relacionados con la intención y se pueden modificar si esta cambia.

Primero, purificaremos bien nuestro bote de perfume. Serán mejores los perfumes con toques de rosa, vainilla, jazmín, limón, etc., dado que se corresponden con nuestra intención (atraer el amor). Después, formaremos un dodecagrama alternando nuestras plantas. Es decir, pondremos una rosa roja, en el siguiente punto una rosa blanca, en el siguiente una rama de romero y en el otro un trébol, hasta poner una planta en cada punta de la estrella. Podemos trazar las líneas del dodecagrama con la sal, o simplemente trazar un círculo que una las 12 puntas; el objetivo es que la figura quede cerrada para concentrar la energía dentro. Posteriormente, pondremos el objeto que vamos a encantar (en este caso, el perfume) en el centro de la figura y colocaremos los minerales alrededor, casi tocándolo, formando un triángulo; el cuarzo rosa en el vértice de arriba, la hematita a la izquierda y la cornalina a la derecha.

Humedeceremos nuestras manos en agua de luna creciente, las pondremos por encima del hechizo y cerraremos los ojos. Visualizaremos cómo, alrededor de cada componente, hay una energía que lo rodea; ¿de qué color es cada una de las burbujas energéticas? Es importante visualizarlo bien. Poco a poco, visualizaremos líneas que van de cada una de las puntas de la estrella hacia el centro. Por estas líneas se traspasa la energía de los componentes a nuestro perfume. Lo mismo ocurre con la energía de los minerales. Podemos trazar estas líneas sobre la superficie en la que estemos haciendo el hechizo con agua de luna creciente, para ayudarnos con la visualización. Mantendremos la meditación tanto tiempo como consideremos necesario, hasta que el perfume esté cargado y, por lo tanto, encantado.

Al acabar, desecharemos o quemaremos las hierbas utilizadas y purificaremos y recargamos nuestros minerales. Nuestro perfume ya estará listo para usar.

No está mal hacer hechizos para atraer amor en general; puede provocar que conozcas a otras personas, hacer nuevas amistades, etc. Lo que sí puede ser visto como no ético es hacer hechizos de amor para atraer a una persona en concreto. Además, no sé tú..., pero yo no querría conseguir un amor que no ha surgido verdaderamente de la otra persona.

TRENZAS DE BELLEZA

Dificultad: I

Tiempo: I

Necesitaremos:

- Agua de belleza (rosa y romero).
- Hilos o lazos rosas.
- Perlas (belleza, amor, protección).
- Cuentas de cuarzo rosa o de color rosa (amor, autoestima, atracción).

El trenzado de cabello con intención es una de las prácticas más simples y eficaces para llevar tu intención contigo todo el día. Es magia de nudos (como en la escalera de bruja), pero esta vez en tu propio pelo. Podemos, simplemente, trenzar nuestro cabello mientras lo intencionamos o añadir decoraciones y accesorios que correspondan con nuestra intención.

Empezamos peinando bien nuestro pelo mientras visualizamos cómo se purifica. Añadimos con un pulverizador, o con las manos, un poco de nuestra agua de belleza y seguimos peinando. Es importante tener clara nuestra intención: ¿queremos el pelo más bonito?, ¿tal vez deseamos vernos mejor? Con las trenzas tensas conseguimos más vitalidad, mientras que con las trenzas sueltas atraemos paz y relajación. Podemos trenzar todo nuestro cabello o hacer pequeñas trenzas y decorarlas. Decoraremos al trenzar o una vez que ya hayamos terminado el recogido, justo donde ponemos la goma del cabello.

Cuando llegue el momento de quitarnos las trenzas, podremos guardar las decoraciones, siempre y cuando las purifiquemos antes de su próximo uso. También recomiendo un cepillado o lavado de cabello para purificarlo.

CAPÍTULO 8

BRUJERÍA DE COCINA

La brujería de cocina es uno de los tipos de magia más antigua y tradicional. Combina las propiedades esotéricas de los ingredientes con las medicinales y terapéuticas. Lo que diferencia un hechizo culinario de una receta cualquiera es cómo intencionamos los ingredientes y la combinación que hacemos con ellos. Los hechizos de cocina, por lo general, se realizan en la cocina, dado que muchos de ellos requieren del uso del horno o fogones. Aunque nuestro espacio mágico predeterminado no sea la cocina, podemos hacer magia en ella. Eso sí, deberemos preparar antes el espacio. Cada persona tiene sus preferencias; algunas prefieren purificar el ambiente solamente, otras además incluyen velas o, incluso, hacen un pequeño altar provisional. ¡Haz lo que creas necesario! Yo purifico la cocina quemando un poco de incienso y abriendo las ventanas, y luego pongo cristales que coincidan con la intención de mi hechizo en el bolsillo de mi delantal.

SOPA DE PROTECCIÓN

Dificultad: II

Tiempo: III

Necesitaremos:

Para el caldo concentrado:

- Aceite de oliva.
- 5 tomates.
- 1 cebolla.
- 3 dientes de ajo.
- 3 cucharaditas de sal.
- 3 cucharaditas de orégano.
- 3 cucharaditas de tomillo.
- 3 cucharaditas de albahaca.
- 1/2 cucharadita de pimienta negra.
- 1/2 cucharadita de pimentón dulce.
- 3 litros de agua (para ir añadiendo en vasos).

Para la sopa:

- 2 vasos del caldo.
- 1 vaso de agua.
- 1/2 vaso de arroz.

Los ingredientes mágicos de este hechizo son:

- Los tomates: protección de las energías negativas, amor.
- La cebolla: protección.
- El ajo: aleja las malas energías, protege del mal de ojo.
- La sal: protección.
- El orégano: protección, felicidad.
- El tomillo: protección, positividad.
- La albahaca: armonía, destierra malas energías.
- La pimienta: protección, aleja la negatividad.
- El pimentón: protección.
- El arroz: protección, seguridad y bendición.

Primero, ponemos aceite a calentar en una olla y hacemos un sofrito con los dientes de ajo (sin corazón) y la cebolla (sin corazón) a fuego medio. Una vez que la cebolla esté blanda y el ajo haya cogido un poco de color, añadimos los tomates troceados y tapamos la olla durante unos cinco minutos.

Después, agregamos tres vasos de agua, sal y removemos en el sentido de las agujas del reloj. Cuando empiece a hervir, incorporamos dos vasos de agua más y las especias, intencionándolas una a una. Además de intencionar las especias, podemos trazar sigilos, símbolos o runas relacionados con sus propiedades mientras las echamos en la olla.

Bajamos un poco el fuego y con una batidora de mano trituramos toda la verdura de la olla; después, dejamos cocer durante 15 minutos a fuego medio-bajo con la tapa puesta. Poco a poco el agua se irá infusionando con las especias y la verdura.

Pasado el tiempo subimos el fuego, sin que llegue a ser alto, y acabamos de añadir el agua restante. Recomiendo incorporarla por partes, mientras probamos el caldo, para que quede con la intensidad de sabor que nos guste. Este es el momento de hacer ajustes en la receta y añadir algo que consideremos que falta, ¿un poco más de sal?, ¿tal vez pimienta?

En este momento ya estaría preparado el caldo, pero personalmente no me gusta que tenga trocitos ni semillitas, así que lo cuelo antes de usarlo para cocinar.

Cuando ya tengamos el caldo listo es el momento para hacer la sopa con arroz. Para hacer arroz caldoso no me gusta usar un caldo demasiado fuerte; por eso siempre lo mezclo con un poco de agua; por cada dos vasos de caldo pongo uno de agua. Ponemos los dos vasos de caldo y el vaso de agua en una olla a fuego medio-alto y esperamos a que entre en ebullición. En ese momento añadimos el arroz (preferiblemente redondo o bomba) intencionándolo, y removemos un poco. Vamos regulando el fuego para que se mantenga una ebullición suave (no queremos que se evapore el caldo y quede un arroz pastoso) y removemos si es necesario. Dependiendo del tipo de arroz, y del gusto de cada persona, estará listo para servir después de 15 o 20 minutos de cocción.

Podéis añadir un chorrito de zumo de limón, o un huevo cocido y troceado, para acompañar la sopa. Tienen también propiedades protectoras.

BIZCOCHO DE ALEGRÍA

Dificultad: III

Tiempo: III

Necesitaremos:

- 300 g de harina de trigo.
- 250 g de azúcar.
- 15 g de levadura en polvo.
- 4 huevos de tamaño L.
- 100 ml de aceite de oliva suave.
- 200 ml de zumo de naranja.
- Ralladura de 2 naranjas.
- Mantequilla.

Los ingredientes mágicos de este hechizo son:

- La harina de trigo: abundancia.
- El azúcar: endulza situaciones, amor.
- Los huevos: crecimiento, amplificación.
- La naranja: prosperidad, alegría, amor.

Primero, mientras precalentamos el horno a 180 °C, lavamos bien dos naranjas para poder rallar su piel. Luego, exprimimos el zumo de naranja hasta conseguir 200 ml y lo colamos para que no tenga pulpa.

En un bol tamizamos la harina con la levadura. En otro bol ponemos los huevos, el aceite, el azúcar, el zumo y la ralladura, y lo batimos bien con una batidora de mano, mientras intencionamos la mezcla. Debe quedar una capa de espuma en la superficie.

Cuando ya hayamos hecho esta mezcla, añadimos poco a poco la harina y la levadura, incorporándolo todo con unas varillas mientras le damos la intención adecuada a la mezcla. Untamos un molde con mantequilla y un poco de harina (mejor si es un molde desmontable), y vertemos la masa dibujando círculos en el sentido de las agujas del reloj. Horneamos nuestro bizcocho a 180 °C, con calor arriba y abajo, entre 35 y 50 minutos. El tiempo de horneado variará dependiendo del electrodoméstico, así que, para comprobar que nuestro bizcocho está hecho, lo pincharemos con un palillo. Si el palillo sale un poco húmedo es que aún no se ha terminado de cocer.

A veces ocurre que el bizcocho parece estar listo y la prueba del palillo nos lo confirma. Pero, al sacarlo del horno, se empieza a desinflar. Esto puede ser por el cambio brusco de temperatura. Por eso recomiendo apagar el horno, dejar reposar el bizcocho dentro durante 5 minutos, después abrir la puerta del horno y, una vez que el calor se haya disipado, sacar el bizcocho.

TARTA DE CALMA

Dificultad: III

Tiempo: IV

Necesitaremos:

Para la base:

- 300 g de galletas.
- 100 g de mantequilla.

Para el relleno:

- 300 ml de nata para montar.
- 100 ml de leche.
- 80 g de azúcar blanco.
- 500 g de queso crema.
- 1 sobre de cuajada en polvo.
- 30 ml de leche (para disolver la cuajada).

Para la cobertura:

- 150 g de arándanos.
- 40 g de azúcar.
- 60 ml de agua.
- 10 g de maicena.
- 3 cucharadas de agua (para disolver la maicena).

Los ingredientes principales de este hechizo son:

- Los lácteos: ofrecen protección.
- El azúcar blanco: endulza las situaciones, da buena suerte.
- Los arándanos: ofrecen tranquilidad, paz y protección.

Primero, prepararemos la base triturando las galletas con el método que prefiráis. No deben quedar trozos grandes, sino más bien una textura arenosa. Fundimos la mantequilla, la añadimos a las galletas troceadas mientras intencionamos y mezclamos bien. Ponemos la masa en un molde (de unos 20-23 cm de diámetro) y la presionamos hacia el fondo para que cree la base de nuestra tarta. Una vez que tengamos la base fina y lisa, metemos el molde en la nevera.

Mientras se enfría la base podemos ir preparando el relleno. En un bol echamos la cuajada en polvo y añadimos la leche mientras removemos para que la cuajada se disuelva. En una olla ponemos, a fuego medio, la nata, la leche, el azúcar y el queso crema. Removemos con varillas de forma constante, para que la mezcla no se pegue y tenga una textura suave y sin grumos. Cuando la mezcla empiece a hervir, añadimos la cuajada sin dejar de remover.

Acordaos de remover en el sentido de las agujas del reloj para atraer las propiedades protectoras de los lácteos.

Sacamos nuestra base de la nevera. Cuando la mezcla vuelva a entrar en ebullición, apartamos la olla del fuego y vertemos la mezcla del relleno en el molde con la base. Mientras hacemos esto, podemos trazar un sigilo de paz y armonía. Dejamos que nuestra tarta se enfríe en la encimera, y cuando el relleno ya esté frío volvemos a meter el molde en la nevera, para que cuaje, durante un mínimo de 4 horas.

Una vez que esté casi cuajada nuestra tarta, podemos hacer la cobertura de arándanos. En una olla colocada a fuego medio-alto ponemos el agua, el azúcar y los arándanos. Debemos ir removiendo para que no se pegue ni se queme nada, mientras intencionamos los ingredientes. Cuando hierva, bajamos el fuego al mínimo, tapamos la olla y dejamos cocer durante 5 minutos. Pasado este tiempo, añadimos la maicena (previamente diluida con el agua en un bol) y subimos el fuego a la temperatura del principio. Cuando vuelva a hervir, retiramos la olla del fuego y dejamos que la mezcla se enfríe durante unos 10 o 15 minutos. Después se puede verter sobre la tarta ya cuajada trazando un sigilo de paz. Y… ¡lista para comer!

Este hechizo es complejo y requiere de un proceso de elaboración un poco laborioso, por lo que sería perfecto tomarse una mañana de desconexión para prepararlo.

GALLETAS DE AMOR

Dificultad: II

Tiempo: II

Necesitaremos:

- 200 g de mantequilla pomada.
- 120 g de azúcar.
- 280 g de harina de trigo.
- 1 cucharadita de esencia de vainilla.
- Almendras tostadas.
- Chocolate negro.

Los ingredientes mágicos de este hechizo son los siguientes:

- Mantequilla: calma las tensiones de una relación, aporta paz.
- Azúcar: aporta atracción y amor.
- Vainilla: promueve el amor, la pasión y la felicidad.
- Almendras: promueve el amor y las buenas relaciones entre la familia.
- Chocolate negro: aporta felicidad, amor y romance; es capaz de convertir a los enemigos en amigos.

Empezamos mezclando en un bol la mantequilla y el azúcar mientras lo intencionamos. Podemos ayudarnos de un tenedor para asegurarnos de que estamos integrando bien ambos ingredientes. Cuando ya estén bien mezclados, añadimos la cucharadita de vainilla intencionándola también, tamizamos la harina y la añadimos al bol. Seguimos mezclando bien hasta que quede una masa homogénea.

Con ayuda de un papel film, hacemos un rollito con la masa y lo guardamos en la nevera durante una hora aproximadamente, para que la mantequilla se endurezca y sea más fácil darles forma a nuestras galletas. Una vez que haya pasado el tiempo de refrigerado, sacamos la masa de la nevera y la cortamos a rodajitas, que serán nuestras galletas. Las ponemos en la bandeja del horno y con un palillo dibujamos runas, sigilos y símbolos relacionados con el amor. No hace falta que los dibujos queden perfectos, porque al cocinarse las galletas se deformarán un poco (y luego añadiremos mas decoraciones). Cuando estén todas adornadas, las metemos en el horno a 180 °C durante unos 10-15 minutos. Es muy importante estar pendientes y sacarlas cuando estén doradas por el borde.

Al salir del horno estarán blandas. Este es el momento adecuado para poner almendras por encima de las galletas, haciendo un poquito de presión mientras intencionamos. Después, las dejamos enfriar para que endurezcan. Mientras tanto, derretimos el chocolate (al baño maría o en el microondas a intervalos cortos). Decoraremos nuestras galletas sumergiéndolas en él o dejando caer un hilito de chocolate por encima. Podéis comerlas directamente o esperar a que el chocolate se solidifique.

BIZCOCHO DE SAMHAIN

Dificultad: II

Tiempo: III

Necesitaremos:

- 250 g de calabaza.
- 250 g de harina.
- 250 g de azúcar.
- 16 g de levadura.
- 150 ml de aceite de girasol.
- 3 huevos.
- 1 cucharada de esencia de vainilla.
- Sal.
- Mantequilla.
- Molde.

Los ingredientes mágicos de este hechizo son los siguientes:

- Calabaza: protección contra malas entidades, hogar, ofrenda a quienes faltan.
- Harina: abundancia.
- Azúcar: endulza situaciones, amor.
- Aceite de girasol: abundancia, amor, felicidad.
- Huevos: crecimiento, amplificación, protección.
- Vainilla: promueve el amor y la felicidad.
- Sal: protección.

Este bizcocho es uno de mis postres preferidos para hacer en otoño. Es una delicia para acompañar infusiones de canela y limón, pero también para acompañar mis celebraciones de Samhain. Estas celebraciones suelen consistir en una comida o cena familiar, a la que invito a mi familia (no solo a los que están en este plano terrenal, sino también a los que se han ido). Para representar a aquellos que fallecieron, me aseguro de dejar un lugar vacío en la mesa al que también sirvo una pequeña ración. Toda la comida que sirvo a estas personas que no están la trituro después (junto con cáscaras de huevo, la piel de la calabaza...) y la uso como compost para mis plantitas. Así hago una especie de ofrenda para quienes faltan.

Primero cocemos la calabaza durante 5 minutos, y pasado el tiempo de cocción la escurrimos y dejamos que enfríe un poco. Iremos precalentando el horno a unos 170 °C. En un bol ponemos los huevos, el azúcar y una pizca de sal mientras intencionamos los ingredientes. Lo batimos bien con una batidora de mano hasta que aumente el volumen de la mezcla y se forme una crema espesa de color amarillo. Añadimos a la mezcla, intencionándolos también, el aceite, la calabaza troceada y la vainilla. Batimos rápidamente para que el huevo no cuaje si la calabaza aún estaba templada. Trituramos muy bien hasta tener una mezcla homogénea. Mezclamos la harina con la levadura, la pasamos por el tamiz y la añadimos a la mezcla. Volvemos a batir hasta que todos los ingredientes estén bien incorporados.

Con nuestra mezcla ya hecha, recubrimos un molde con un poco de mantequilla y vertemos la masa. Lo dejaremos hornear a 170 °C durante unos 45 minutos, con calor arriba y abajo (sin ventilador). Comprobaremos si está hecho clavando un palillo en el bizcocho; si sale seco es que el bizcocho está listo. Como con cualquier bizcocho, recomiendo no sacar nuestro bizcocho de Samhain del horno justo después de una prueba del palillo exitosa.

A veces, por el cambio de temperatura brusco, el bizcocho se desinfla y se empieza a compactar. Apagad el horno primero, dejad reposar el bizcocho dentro durante unos 5 minutos, luego abrid la puerta y, una vez que se disipe el calor, sacadlo.

REMIENDOS MÁGICOS

- Pon una cabeza de ajos debajo de tu cama para prevenir pesadillas. Puedes meterla en un bote hermético para evitar los malos olores.
- Humedece tu pelo en la lluvia y trénzalo (o átalo) para parar o disminuir la tormenta y que te dé tiempo a ponerte a cubierto. ¡Acuérdate de deshacer la trenza cuando llegues a casa!
- Dibuja sigilos protectores, runas o pentáculos en las ventanas con agua de luna llena para proteger tu hogar de energías no deseadas.
- Añade agua de luna llena a tu espray ambientador para proteger tu espacio cada vez que lo perfumes.
- Guarda tres monedas debajo del felpudo de tu puerta para atraer la buena fortuna.
- Apunta las correspondencias energéticas en los botes de especias para añadir rápidamente un toque mágico a cualquiera de tus comidas.
- Dibuja sigilos o runas energizantes mientras remueves tu café para empezar el día con más energía.
- Usa colores que ayuden con la memoria o la creatividad (como el amarillo o el azul) para subrayar tus apuntes.
- Abre todas las puertas y ventanas de tu hogar y deja correr el aire durante unos minutos para purificar su energía rápidamente.

Este grimorio se terminó de imprimir
en diciembre de 2024.